KB209196

세움
문학
07

2024 세움북스 신춘문예 작품집

단편소설 · 수필

세움북스는 기독교 가치관으로 교회와 성도를 건강하게 세우는 바른 책을 만들어 갑니다.

세움 문학 7

2024 세움북스 신춘문예 작품집

단편소설 · 수필

초판 1쇄 인쇄 2024년 9월 25일
초판 1쇄 발행 2024년 9월 30일

지은이 ㅣ 김영주 나은비 이학기 신상현 김유미
박지원 기광서 이명화 박경희 이산

펴낸이 ㅣ 강인구
펴낸곳 ㅣ 세움북스
등 록 ㅣ 제2014-000144호
주 소 ㅣ 서울시 종로구 대학로 19 한국기독교회관 1010호
전 화 ㅣ 02-3144-3500
이메일 ㅣ cdgn@daum.net

디자인 ㅣ 참디자인

ISBN 979-11-93996-18-8 (03230)

세움 문학 07

단편소설 · 수필

2024 세움북스 신춘문예 작품집

김영주   박지원
나은비   기광서
이학기   이명화
신상현   박경희
김유미   이산

세움북스

제4회 세움북스 신춘문예

신학이 신자의 신앙을 견고하게 세우는 뼈대라면, 기독교 문학은 신자의 신앙을 풍요롭게 하는 자양분(滋養分)입니다.

세움북스 신춘문예는 침체된 기독교 문학의 활성화를 위해 시작되어 올해로 4회째를 맞고 있습니다. 한 해 한 해 이 일을 감당할 수 있는 것은 전적으로 함께해 주시는 분들의 격려와 응원 덕분입니다.

올해는 한층 더 수준 높아진 완성도 높은 글들을 작품집에 담을 수 있었습니다. 작지만 의미 있는 또 다른 한 걸음을 통해 기독교 문학은 다시 자라나고 있습니다.

우리가 만들어 갈 기독교 문학의 푸른 계절을 꿈꾸어 봅니다.

발행인 강인구

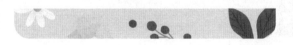

차례

단편소설 심사평   조성기   7

수필 심사평   송광태   9

단편소설

대상   세잎클로버   김영주   13

우수작   바라건대, 주여   나은비   45

가작   들보 속 가시밭길   이학기   71

가작   문밖에 범이 없나요?   신상헌   105

가작   새아빠   김유미   139

수필

우수작   낙화(落花) 2021   박지원   179

가작   40 : 야구를 보며 교회를 생각하다   기광서   191

가작   샘물 파는 사람   이명화   203

가작   외갓집을 추억 속에 걷다   박경희   213

선외가작 부표인 듯, 항해자인 듯   이   산   225

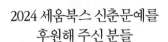

2024 세움북스 신춘문예를
후원해 주신 분들

제4회 세움북스 신춘문예 후원자

[개인]

강학종, 구선우, 권순현, 김선영, 남궁경미, 남기솔, 박관수,
박수경, 박정순, 박준혁, 서상복, 윤한나, 원진경, 이명화, 이정희,
이화진, 이혜정, 이희도, 정태영, 조성용, 최경희, 무명 2

[교회]

더라이프교회(최용택), 목포장로교회(전종득 목사),
별내들풀교회(박희찬 목사), 비전교회(김태희 목사),
뿌리교회(김진혁 목사), 서울부림교회(신국현 목사),
세움교회(정요석 목사), 영동제일교회(강석훈 목사),
예다임교회(천한필 목사), 청암교회(이정현 목사),
품는교회(김영한 목사), 한솔교회(김민철 목사),
한일성서교회(민찬양 목사), 행복한우리교회(이재국 목사)

[기관 · 단체 · 사업체]

작은예수선교회(서진교 목사), 프리온(김현우 대표),
피에타스 선교지원 연구소(권율 목사),
해피가정사역연구소(서상복 목사), IYAGI(크리스틴 장)

"진심으로 감사드립니다"

2024년 세움북스 신춘문예

기독교 단편소설 심사평

심사위원 조성기 작가

(소설가, 《1980년 5월 24일》 저자)

응모작 30편 전체를 읽으며, 일단 예상외로 수준이 높다는 인상을 받았다. 착상은 신선하나 작가가 착상에 압도당하여 제대로 전개하지 못한 작품도 있고, 문장도 좋고 구성도 좋으나 기독교적 가치관이 드러나지 않아 응모 의의에 맞지 않는 작품도 있었다.

대상작 〈세잎클로버〉는 유년과 초등학교 시절의 애틋한 추억을 통해 신앙적인 영향을 받은 사례들을 섬세하게 표현하면서 수미상관의 구성미도 잘 살렸다. 특히 세잎클로버와 네잎클로버의 상징을 활용하여 우리가 추구해야 할 목표가 무엇인지 귀한 교훈을 준다.

우수작 〈바라건대, 주여〉는 모방 욕망을 자극하는 이상형을 관찰하는 과정이 흥미롭고, 이상형의 진면목을 알아 가면서 신앙에 눈 뜨게 되는 계기가 자연스럽게 제시되고 있다.

가작 세 편 중 〈들보 속 가시밭길〉은 가정과 직장 생활에서의 갈등을 현실감 있게 드러내면서 화해의 과정을 설득력 있게 전개했다. 구성에 좀 더 신경을 썼으면 하는 아쉬움이 있었다. 〈문밖에 범이 없나요?〉는 충격적인 상황이 전개되는 가운데 용서의 주제를 잘 살린 작품이었다. 시점 문제에 약간의 혼돈이 있었는데, 앞으로 이 점에 유념했으면 좋겠다. 〈새아빠〉는 아빠를 잃은 소녀가 엄마와 새아빠의 결혼 과정을 겪어 내는 내용이 섬세하고 아기자기하게 전개되는 작품이다. 새아빠의 따뜻한 마음을 느끼며, 진정한 아버지는 하나님임을 깨닫는 대목이 감동적이다. 갈등이 좀 더 표현되었으면 좋았겠다는 아쉬움이 있다.

종교와 문학은 본질적으로 차이가 있다고 한다. 종교는 연역적이고 문학은 귀납적이다. 문학을 통해 종교의 주제를 드러내는 일은 어떤 작업보다 지난하다. 종교와 문학의 관계를 깊이 연구한 어느 학자는 종교의 주제를 문학에서 담아내려면 작가가 출중한 실력을 갖추어야 한다고 했다. 이번에 상을 받는 분들에게 축하를 보내며 더욱 정진하기를 바란다.

기독교 수필 심사평

심사위원 송광택 목사

(출판 평론가, 한국교회 독서문화 연구회 대표)

"글쓰기에 대해 내가 아는 몇 안 되는 사실은 이것이다. 쏟아부어라. 날려 버려라. 갖고 놀아라. 다 잃어라. 지금 당장 하라. 좋아 보이는 것을 나중에 쓴다고 모아 두지 말고 지금 써버려라. 전부, 전부 다 지금 써버려라." 퓰리처상 수상 작가 애니 딜러드(Annie Dillard)의 말이다.

글을 쓰는 이는 적절한 구절, 적절한 단어를 찾으며 문장 하나를 만들어 낸다. 그것은 가공되지 않은 재료를 적절한 모양이 될 때까지, 적어도 최대한 적절한 모양에 가까워질 때까지 깎아 내는 석수(石手)의 작업과도 같다. 따라서 글을 쓰는 사람은 언어를 다루는 일이 얼마나 고된 작업인지를 안다.

제4회 세움북스 신춘문예 수필 부문에 많은 분들이 원고를 보내왔다. 삶의 고단한 시절을 회고하는 글로부터 신앙생활의 여정에서 보고 느낀 것들을 정리한 글에 이르기까지 다양한 주제와 소재를 접할 수 있었다. 가족 안에서의 상처와 관계 회복, 곤고한 날들을 통과하며 눈물 흘린 경험, 지나간 날들을 추억하며 발견한 보석 같은 깨달음, 그리고 신앙적 성숙을 가져다준 체험 등을 담고 있는 글들은 잔잔한 감동을 전해 주었다. 꾸준한 글쓰기를 통해 작가로서의 내공을 보여 주는 글도 있었고, 따뜻하고 순수한 문학적 감수성이 스며 있는 작품도 있었다.

하지만 수필이라는 장르에 대한 이해가 부족하거나, 문단 나누기 같은 기본을 무시한 글도 눈에 띄었다. 전반적으로 좋은 글들이 많았지만 큰 울림을 주는 글이 많지 않았다는 점은 아쉬움으로 남는다. 그럼에도 불구하고 좋은 작가가 될 수 있는 가능성을 보여 준 분들이 여럿 있어서 기쁘고 반가웠다. 꾸준한 정진을 기대한다.

1

———

단편소설

단편 소설
대상

세잎클로버

김영주

＊＊＊

"선생님! 학교 뒷산에 행복이 아주아주 가득 차 있어요."

얼마 전 서울에서 전학 온 윤슬이가 봄의 전령사처럼 인중에 땀이 송송 맺힌 채로 가쁜 숨을 몰아쉬며 나에게 달려왔다.

지방 소멸화와 함께 한때 위기가 찾아왔던 우리 초등학교는 몇 해 전부터 특화된 방과 후 활동을 시작으로 대대적인 학교 홍보 활동을 벌였는데, 그 결과 서울에서 전학 오는 아이들이 부쩍 늘었다. 윤슬이는 그중 한 명인데, 유독 자연을 사랑하는 아이였다. 그런 윤슬이에게 우리 초등학교는 놀이터였고, 세상이었다.

윤슬이가 가장 좋아하는 꽃은 세잎클로버다. 세잎클로버는 해마다 5월이면 학교 주변에 지천으로 피었다. 얼핏 보면 괭이밥과 비슷해 보여 관심을 갖고 살펴보지 않으면 헷갈리기도

한다. 봄이 되면 만 가지 꽃들이 저마다 장기 자랑을 시작하는데, 세잎클로버는 그들에 비하면 키도 작고 화려하지도 않은 꽃이다. 또 어디서든 쉽게 찾아볼 수 있지만, 너무 흔해서 오히려 사람들 눈에 잘 들지 않는 꽃이기도 하다. 그래도 윤슬이는 세잎클로버를 제일 사랑했다. 윤슬이는 동그랗게 토끼 꼬리처럼 복슬복슬하게 피어오른 꽃으로, 어느 날은 풀꽃 반지를 만들어서 내게 선물해 주기도 했다. 윤슬이처럼 반짝이는 새하얀 세잎클로버꽃은 여느 보석 부럽지 않았다.

내가 윤슬이만 할 때였다. 나에게는 오빠가 무려 세 명이나 있었다. 잘생기고 듬직한 큰오빠, 숨소리마저 얄밉지만 꼼꼼한 둘째 오빠, 그리고 막내 자리를 매번 나에게 양보하는 여리고 맑은 눈을 가진 막내오빠는 나의 든든한 지원군이었다. 또래 남자아이들은 오빠만 세 명 있는 나를 무시하지 못하는 눈치였다. 나에게 장난이라도 짓궂게 굴었다가는 오빠들이 가만두지 않았기 때문이었다. 동네 어르신들도 오동나무 집 막내딸은 금이야 옥이야 키워서 시집이나 보낼 수 있겠냐며 우스갯소리를 하곤 하셨다.

"오늘 큰고오빠랑 놀이터 가서 놀까?"

말문이 트이기 시작했을 때부터 큰오빠를 '큰고오빠'라 불렀기에 큰오빠도 자신을 그렇게 칭했다. 지금 생각해 보면 둘째 오빠, 막내오빠는 부를 때 모두 네 글자인데, 큰오빠만 세 글자였던 것이 괜히 속상했었는지 큰오빠에게도 부족함 없는 호칭을 만들어 주고 싶어 말도 안 되는 한 음절을 더 만들어 냈던 것 같다.

나는 큰오빠의 제안에 신이 났다. 게다가 그날은 큰오빠, 둘째 오빠, 막내오빠 모두 나와 놀아 준다고 하니, 우리 사 남매가 독수리 오 형제처럼 합체되는 것 같아 기세등등해졌다. 큰오빠는 나와 열세 살 차이가 나는 대학생이었다. 군대에서 제대한 지 얼마 되지 않아 까까머리를 하고 있었지만, 장남 역할을 톡톡히 해내는 집안의 자랑거리였다. 내 젖니는 큰오빠가 다 뽑아 주던 기억이 있다. 아빠가 이를 실로 묶어 뽑아 줄 때마다 나는 무서워서 이가 뽑히기도 전에 우느라고 정신이 없었다. 아빠가 실과 함께 내 이마를 '탁' 하고 뒤로 밀어젖힐 때 타이밍 좋게 한 번에 이가 빠져야 하는데, 서너 번은 이마를 맞아야 이가 빠졌다. 내가 매번 실만 입에 문 채 울고 있는 모습이 안쓰러웠던지 큰오빠는 나를 살살 달래며 말했다.

"이를 빼고 나면 지붕 위에 빨리 이를 던지며 주문을 외워야 새 이가 예쁘게 생긴대. 지난번에 뺀 이가 아직 안 나는 걸 보면 주문을 안 외워서 그런 것 같아. '까치야, 까치야, 헌 이 줄게 새

이 다오' 이렇게 주문을 외워야 하는데 말야. 오늘은 큰오빠랑
빨리 이 빼고 주문을 외워 볼까?"

나는 콧물을 들이마시며 큰오빠에게 순순히 젖니를 내어
주었다. 막내오빠는 평소에도 내 숙제도 잘 봐주고, 어려운 두
발자전거도 가르쳐 주고, 엄마 몰래 국자에 설탕을 녹여 달달
한 달고나를 만들어 주기도 하는 등 심심할 틈 없이 나와 잘 놀
아 주었다.

이렇게 다정한 두 오빠와는 사이가 좋았지만, 문제는 둘째
오빠였다. 둘째 오빠는 원래 날 골려 먹을 때만 등장하는 인물
이었다. 내가 막내오빠와 과자를 먹으며 만화를 볼 때였다.

"오빠가 사진 찍어 줄게."
"사진?"

둘째 오빠에게 번번이 당하면서도 나는 또 호기심 어린 눈
망울로 둘째 오빠를 쳐다보았다. 오빠가 한동안 이소룡이라
는 무술 배우에 푹 빠져 쌍절곤을 휘두르고 다닐 때였다. 오빠
는 오동나무 옆에 나를 세워 두더니, 이소룡처럼 포즈를 취해
보라고 했다. 나는 먹고 있던 과자도 내려놓고, 이소룡 배우가
된 듯 눈썹에 힘을 주고서 다리와 팔을 펼쳐 보였다. 그렇게

남은 사진은 아직도 둘째 오빠에게 웃음거리로 남아 있다.

이렇게 문제 아닌 문제인 둘째 오빠까지 합세하여 놀이터에 함께 있으니, 그날은 우리 사 남매가 모두 한자리에 모이는 아주 특별한 날이 아닐 수 없었다. 저녁 해도 아쉬워하며 뉘엿뉘엿 저물어 갈 때까지 오빠들과 놀이터를 점령하며 놀았다. 한참을 술래잡기도 하고, 도둑 경찰 놀이도 하고, 얼음땡도 하고, 말뚝박기도 했다. 오빠들은 내가 하기 싫어하는 술래도 되어 주고, 도둑도 되어 주고, 말뚝도 되어 주었다. 이쯤 되면 둘째 오빠가 몽니를 부릴 때가 되었는데도, 웬일인지 둘째 오빠마저 군소리 없이 내 비위를 다 맞춰 주었다.

노을빛에 5월 봄 향기가 더 짙어지자, 큰오빠는 놀이터 근처에 피어 있는 세잎클로버를 하나 꺾어 왔다.

"예쁘지? 연희 너 세잎클로버 꽃말이 뭔지 알아?"

나는 큰오빠의 물음에 고개를 갸우뚱거렸다. 네잎클로버의 꽃말은 자신 있는데, 세잎클로버의 꽃말은 알지도 못할뿐더러 궁금하지도 않았기 때문이었다.

"큰고오빠! 네잎클로버는 못 찾았어? 난 네잎클로버가 더 좋은데…."

내가 입을 삐죽거리며 관심 없어 하자, 큰오빠가 말했다.

"다른 사람들도 네잎클로버만 찾는데, 오빠는 세잎클로버가 더 좋더라. 세잎클로버의 꽃말은 '행복'이거든. 큰고오빠는 우리 연희가 앞으로도 행복했으면 좋겠어."

큰오빠의 눈동자는 금방이라도 눈물을 뿜어 낼 것처럼 마구 흔들렸다. 그때까지만 해도 큰오빠는 역시 마음 따뜻한 사람이라고만 생각하며 큰오빠가 건네는 세잎클로버를 소중히 챙겼다.

집으로 돌아오는 길에는 큰오빠와 막내오빠가 양옆에서 내 손을 잡아 끌어올려 주는 그네 놀이를 하며 걸어오니, 축지법 도사마냥 금방 집에 도착할 수 있었다. 얼마나 재밌고 즐거운 하루였는지 엄마에게 빨리 조잘거리고 싶었다. 그래서 저녁을 먹는 내내 나는 영웅담처럼 이야기를 풀어냈다. 그런데 내가 학교에서 돌아와 친구들과의 일들을 재잘거리면 항상 재미있게 들어 주시던 엄마는 그저 갈치 속살만 발라내 숟가락 위에 올려 주셨다. 퇴근하시면 나부터 찾아 까칠하게 솟아오른 수염 뽀뽀를 해 주시던 아빠도 그저 내가 좋아하는 멸치볶음만 내 밥그릇 앞으로 몰아 주셨다. 집에 도착하자, 하늘의 별도 따다 줄 것 같은 큰오빠와 다정다감한 막내오빠도 나의 눈길을 피하며 밥만 먹었다. 맛있는 반찬이 내 앞에 몰려 있는 꼴을 적당히 눈감아 줄 리 없는 둘째 오빠도 그날은 웬일인지 아무 말이 없었다. 적막함이 감도는 분위기에 내 얼굴에서도 웃음기가 반쯤 사라질 때쯤, 엄마는 떨리는 목소리로 말씀하셨다.

"이제… 엄마에게 가서 살아."

국민학교 4학년이 되어서야 나의 성이 오빠들과 다르다는 것을 인지하기 시작했던 것 같다. 친구들이 이상하게 생각해도 나는 이상한 일이라고 생각하고 싶지 않았다. 이상한 일이라고 생각하지 않으면 아무것도 변하지 않을 것만 같았기 때문이었다. 그런데 그 이상하고 불길한 일은 어김없이 다가왔고, 내가 그 이상한 일을 받아들여야 하는 시기가 찾아온 것이었다.

알고 보니, 나는 엄마에게 조카였다. 엄마에게는 여동생이 한 명 있었는데, 여동생은 이혼하고 시작한 사업이 망하자 야반도주하듯 서울로 떠나면서 나를 엄마에게 맡겼다고 했다. 그러나 금방 서울에서 자리 잡아 나를 데리고 가겠다던 여동생은 그날 이후 수년간 거의 인연을 끊고 살다시피 해서, 이제는 호적 정리를 해 나를 계속 키우려고 마음먹고 있던 차였다고 했다. 그런데 여동생은 한두 해 전부터, 서울에서 조금 자리를 잡았으니 늦었지만 이제는 나와 살고 싶다고 연락을 취해 왔다는 것이다. 나는 그제야 몇 해 전부터 어린이날이면 서울 사는 산타할아버지가 선물을 보내 줬다고 하시던 엄마의 말씀이 생각났다. 그 선물이 사실은 서울 엄마가 보낸 것이었다는 걸 알게 되니, 말로는 형용할 수 없는 감정이 들었다. 그때는 어린이날에도 산타할아버지가 나에게 선물을 보내 줬다고 생각하면, 나는 참 특별한 아이라는 자부심이 생겨 행복했었는데, 특별하다는 것은 남과 다르다는 것을 의미함을 알게 되는 순간이었다.

"나 그냥 엄마 아빠 딸 하면 안 돼요? 이제 갈치구이도 안 먹고,
오빠들한테 놀아 달라고도 안 할 테니, 나 한 번만 봐 주세요.
제발요."

평소 쓰지도 않던 존댓말이 술술 나왔다. 나는 눈물 콧물 범벅인 채로 엄마를 부둥켜안았다. 그러자 엄마는 늘 내게 내어 주던 젖가슴을 여미며 나를 밀어냈다. 작은 몸뚱이가 부서지는 날이었다. 하늘의 별도 울고, 나는 더 울고, 가족들도 봄비처럼 울었다.

***

그해 여름방학은 전학 준비로 분주했다. 내가 살던 강원도 춘천은 논과 밭이 전부인 두메산골까지는 아니었지만, 서울은 차도 많고 사람도 많아 눈 감으면 코 베어 가는 세상이라고 들었기에 나는 서울 사람들이 나를 행여 시골에서 왔다고 무시할까 봐 걱정되었다. 무엇이든 제대로 잘 알 수 없을 때, 두려움은 배가 되는 것 같다. 서울도 낯설고, 곧 만나게 될 서울 엄마는 더 낯설어 서울로 전학 가는 날은 도축장에 끌려가는 소가 된 기분이었다.

고약한 매연 연기를 뿜어 대는 고속버스 터미널에 도착하여 큰오빠가 사 주는 초코 과자를 하나 입에 베어 물었다. 초콜릿 맛이 씁쓸하게 혓바닥을 휘어 감았다. 무엇 때문인지 단맛이 느껴지지 않는 초콜릿 과자를 먹으며 서울행 고속버스에 몸을 실었다. 서울로 가는 길목에는 터널이 매우 많았다. 이 터널이 마지막이겠지 하면 또 나타나고, 또 나타났다. 끝을 알 수 없는 터널의 끝에 서울이 있었다. 서울 엄마는 고속버스 터미널에 우리를 마중 나와 있었다. 굵은 파마머리에 새빨간 입술이 눈에 띄었다.

"연희야!"

반가운 부름에 어떻게 대답해야 할지 몰라 큰오빠 뒤로 몸을 숨겼다.

　　"이모님, 많이 기다리셨어요?"

　　큰오빠도 어색한지 이모가 아니라, 이모님이라고 불렀다. 서울 엄마는 내 손을 잡아 이끌며 큰오빠에게 오느라 고생했다고 하고서 나에게 빨리 집으로 가자고 했다.

　　춘천 우리 집은 작은 마당이 있는 집이었다. 그 마당에는 오동나무 한 그루가 터를 잡고 있어 마을 어르신들은 우리 집을 오동나무 집이라고 불렀다. 그 나무는 '내 나무'였다. 아빠는 아들만 있는 집에 귀한 딸이 생긴 것이 기뻐서 오동나무를 심으셨다고 했다. 그런데 이제 와 생각해 보니, 딸이 '생겼다'라는 말은 딸이 '태어났다'라는 의미가 아니었다. 내가 아빠에게 온 날이었으니, '생겼다'라고 표현하셨을 거라는 깨달음이 뒤늦게 들었다. 아빠는 예부터 우리나라에는 '내 나무 심기'라는 풍습이 있었는데, 아들이 태어나면 소나무를 심고, 딸이 태어나면 오동나무를 심었다고 설명해 주셨다. 오동나무는 생장이 빨라서 대개 딸이 시집갈 때 장롱이나 반닫이 같은 가구로 만들어서 혼수로 보냈다고 하시며, 아빠는 오동나무를 나처럼 귀애하셨다. 나는 오빠들한테는 없는 '내 나무'가 좋았다. 훗날 오동나무에 대해 찾아보니, 오동나무는 국악기를 제작할 때도 빼놓을 수 없는 목재로 사용되었고, 살충 효과도 뛰어나 옛날에는 뒷간에 오동잎 몇 장을 놔두어 구더기 방지와 악취 제거에 이용했다는 재미있는 이야기도 알게 되었다. 비 오는 날이면 토란잎과 함께 우산 대용으로도 쓰이는가 하면, 줄기와 뿌리껍질은 약으로도 쓰였다고 하니, 아마 아빠는 이런 오동나무처럼 내가 쓰임새 있는 아이가 되길 바라는 마음에서 오동나무를 심으셨던 것 같다.

서울 엄마 손에 이끌려 도착한 집에는 더 이상 오동나무가 존재하지 않았다. 화장실도 공용으로 사용해야 하는 단칸방 안에는 오래된 장롱 하나와 텔레비전 한 대가 고작이었고, 어렵게 자리를 마련한 한편에는 가스레인지와 냉동실도 갖춘 것 같지 않은, 냉장고가 전부인 부엌이 눈에 들어왔다. 겨우 서울 엄마와 둘이서 몸을 맞대고 누울 수 있는 공간을 마련해 놓고서, 이제 자리를 잡았으니 나와 살고 싶다고 엄마에게 말했다니… 이해할 수 없는 노릇이었다. 큰오빠는 저녁도 함께 먹지 않고, 춘천으로 떠났다. 큰오빠가 쥐여 주었던 세잎클로버를 만지작거리며 울음을 삼켰다. 서울 엄마는 지나간 세월에 대한 자초지종도, 미안한 내색도 없이 잠이 들었다. 그렇게 어색한 첫날 밤이 흘러갔다.

이튿날은 일요일이었다. 춘천에 있었더라면 늑장을 부리며 일어나 만화를 보는 시간이었다. 그런데 서울 엄마는 서둘러 꽃단장을 하시며 나에게도 얼른 세수를 하고 오라고 하셨다. 내가 비몽사몽으로 세수를 하고 온 사이 아침밥이 차려졌다. 아침은 간장밥이라고 하셨다. 내가 좋아하는 갈치구이도 없고, 멸치볶음, 비지찌개도 없이 간장이랑 계란프라이만 있는 그야말로 정직한 간장밥이었다.

난생처음 보는 아침밥을 먹고, 서울 엄마 손에 이끌려 무작정 현관문을 나섰다. 서울 엄마는 또 아무런 설명도 해 주지 않고, 교회 주일학교에 나를 들이밀었다.

크리스마스 때나 친구 초청 주일 같은 때, 몇 번 친구 손에 이끌려 교회에 가 본 적이 있어서 주일학교가 어떤 곳인지쯤은 대략 알고 있었다. 그때 나는 특별한 행사 때가 아니더라도 주일학교에 다니고 싶었다. 특히 성가대를 꼭 하고 싶었다. 그리고 누가 가르쳐 준 것도 아닌데, 나는 가끔 교회에 가도 오백 원씩 헌금을 내곤 했었다. 하나님이 누군지 잘은 모르겠지만, 하나님을 만나는 값이라고 생각했다. 그런데 불교 집안이었던 아빠는 내가 교회 다니는 것을 무척 싫어하셨고, 유독 헌금 내는 것을 아까워하셨다. 그래서 사랑하는 아빠의 마음을 거스르고 싶지 않아 더 이상 교회에 나가지 않았다.

옛 기억에 교회 문 앞에 다다르자 조금 망설여졌다. 이런 내 마음을 아는지 모르는지 서울 엄마는 내게 천 원을 주시면서 헌금 잘 내고 예배도 잘 드리라며 어깨를 다독여 주셨다.

"집사님, 잘 지내셨어요? 제 딸이에요. 잘 부탁드립니다."

서울 엄마는 나이가 지긋해 보이는 선생님과 친해 보였다. 선생님께서는 잘 왔다고 내 어깨를 감싸 주셨다.

"9시부터 예배인데, 일찍 잘 왔구나."

선생님은 새 친구 등록 카드에 내 신상을 적기 시작했다. 형제자매 란에는 더 이상 오빠들을 적을 수 없었다. 여백이 많은 신상표가 부끄러웠다. 멋쩍게 예배당에 앉아 초등부실을 둘러보았다. 교회에 오면 제일 먼저 눈에 띄는 곳이 성가대석인데, 그날도 성가대석에서는 연습이 한창이라 구경하는 재미가 있었다.

"주와 같이 길 가는 것, 즐거운 일 아닌가."

소프라노와 알토가 적절히 조화를 이룬 하모니가 듣기 좋았다. 언니 오빠들로 보이는 성가대원들을 보니 멋있어 보이기도 하고, 듬직해 보이기도 했다. 몇 학년으로 구성되었는지 모르겠지만, 나도 성가대 일원이 되고 싶다는 생각이 들었다.

"선생님, 저 찬양 제목이 뭐예요?"

선생님은 찬송가를 펼쳐 몇 장에 있는 곡인지도 알려 주시며 제목을 보여 주셨다. 〈주와 같이 길 가는 것〉은 어떤 길일까 막연하게 궁금해졌다. 호기심과 궁금증이 오가는 사이 어느새 전도사님 말씀이 끝나고, 성가대원들은 예배의 끝을 알리는 폐회송을 불렀다. 예배 전에 연습하던 〈주와 같이 길 가는 것〉이라는 곡이 폐회송이었다.

예배 후, 집으로 돌아와서도 나는 내내 폐회송을 흥얼거렸다. 서울 엄마는 새벽 6시면 출근해서 혼자 있는 시간이 많았지만, 찬송가를 부르니 외롭지 않았다.

얼마 지나지 않아 주일학교에서는 성가대원을 모집한다는 공지를 했다. 나는 이 기회를 놓치고 싶지 않았다. 신청자에게는 지휘자 선생님 앞에서 찬양 한 곡을 불러야 하는 미션이 주어졌다. 찬양은 지정곡이 아니라, 자유곡이었다. 찬양을 많이 알지 못하는 나로서는 다행이라 여기며, 나는 〈주와 같이 길 가는 것〉 곡을 연습하고, 또 연습했다. "한 걸음 한 걸음 주 예수와 함께"라는 후렴 부분이 고음이라 조금 난코스였다. 그래서 나는 매주 주일이면 8시 30분까지 초등부실로 달려가서 성

가대 후보 선수인 양 귀동냥으로 폐회송을 배웠다. 성가대원
들은 지휘자 선생님을 따라 발성법부터 훈련했다.

"아, 에, 이, 오, 우."

성가대원들은 한 음씩 높여 가며 일제히 목을 풀었다. 나도
작은 목소리로 따라서 발성 연습을 했다. 그리고 바른 자세로
앉아 배에 힘을 주며 소리내는 법을 익혔다. 고음 부분에서는
가성으로 노래하는 법도 배웠다. 아직 성가대원이 아니기 때
문에 큰소리로 따라 부를 수는 없었지만, 귀로 배운 내용을 집
에 와서 곧장 입으로 내뱉으며 연습했다. 오디션 준비는 학교
에서 돌아오면 집에 할 일 없이 혼자 덩그러니 앉아 있는 것보
다는 백배 천배 재미있는 일상이 되어 주었다.
　2주간의 연습 시간이 지나고, 드디어 결전의 날이 다가왔
다. 나는 예배가 끝나고 성가대 오디션을 보기 위해 성가대석
에 앉았다. 성가대석에 앉으니, 예배당이 한눈에 들어왔다. 뭔
가 진급한 느낌마저 들었다.

"조연희, 한번 불러 볼까?"

하필 첫 번째 순서였다. 그래도 상관없었다. 어차피 다 모

르는 친구들 앞이고, 창피당하면 다음 주부터 안 나오면 그만이라고 생각하며 자신 있게 불렀다. "한 걸음, 한 걸음" 고음이 내닫는 부분에서는 배에 힘을 주며 강하게 소리를 질렀다.

"연희 잘 부르네! 소프라노 해도 되겠어."

지휘자 선생님의 칭찬에 대기 중이던 친구들이 부러운 눈빛을 보냈다. 결과는 다음 주 주보에 실릴 예정이라고 하셨다. 오디션 보느라고 고생했다며 우유와 크림빵도 주셨다. 아껴 두었다가 월요일 하굣길에 먹으면 되겠다고 생각했다.

결과를 기다리는 일주일은 설렘과 기대가 요동치는 시간이었다. 서울에 와서는 내내 외롭고 쓸쓸한 날들이었는데, 주일학교에 다니길 잘했다는 생각이 들었다.

'시간아, 시간아, 빨리 흘러라.'

할 수만 있다면 시곗바늘을 밀고 싶었다. 기다리던 주일날, 나는 새벽부터 일어나 세수를 하고 8시에 교회로 달려갔다. 아직 초등부 선생님들조차 와 계시지 않은 초등부실에 문을 열고 들어갔다. 선생님들 책상에 이번 주 주보가 빛을 발하고 있었다. 나는 얼른 주보에 실린 소식부터 살폈다. 떨리는 마음에 한쪽 눈만 뜬 채로 주보를 펼쳤다.

"성가대 모집 결과입니다. 소프라노 조연희."

나는 내 이름을 확인하고 또 확인했다. 내 이름이 그렇게 자랑스러울 수가 없었다. 마치 하나님이 날 부르신 것만 같았다.

성가대 일원이 되고 보니, 성가대를 하는 친구들이 모두 같은 학교여서 학교생활도 즐거워지기 시작했다. 반주를 하는 친구는 옆 반인 데다 집도 가까워서 매일 등하굣길을 함께했다. 함께 모집된 성가대 일원 중에는 같은 반 친구들도 몇 있어서 내가 학교에 잘 적응할 수 있도록 도와주었다. 성가대 언니, 오빠들도 이제는 학교에서 든든한 지원군이 되어 주었다. 나는 다시 독수리 오 형제를 만난 것처럼 신이 났다.

***

해가 바뀌고 5학년이 되었지만, 다행히 성경 공부반 선생님이 바뀌지 않아 좋았다. 반 친구들도 그대로 함께하니 편안했다.

성가대에는 몇 가지 규칙이 있었다. 이 규칙을 잘 지키지 않아 일정 수준의 벌점이 채워지면 성가대를 할 수 없었다. 규칙은 이랬다. 토요일 연습 시간에 결석하거나 주일 아침 8시 30분까지 성가대석에 착석하지 않으면 각각 10점씩 벌점이 매겨졌다. 또 설교 시간에 장난치거나 졸면 5점씩 벌점이 생기는데, 이렇게 한 달에 벌점이 50점을 넘기면 성가대원 자격을 박탈시키겠다고 지휘자 선생님께서는 매주 엄포를 놓으셨다. 그러나 나는 하나도 걱정되지 않았다.

서울 엄마는 토요일에도 새벽 여섯 시면 일을 나가셔야 했다. 출근하기 전에는 매일 새벽 다섯 시면 일어나 〈내 주 되신 주를 참 사랑하고〉라는 찬송가 한 곡을 부른 뒤, 잠시 혼잣말 같은 기도를 하셨는데, 나는 새벽 다섯 시에 들리는 그 찬양이 안 들리길 바랐던 적이 많았다. 찬양은 곧 혼자 있게 되는 시간을 알리는 알람 같았기 때문이었다. 매일 똑같은 찬양 소리가 듣기 싫었다. 서울 엄마가 부르는 찬양 소리는 너무 구슬프고 외로워서, 주말인 토요일마저 월요일 기분이 들게 했다. 그런데 성가대를 시작한 후로는 달라졌다. 토요일 성가대 연습이 있는 날은 학교 수업도 더 재미있었다. 4교시 수업만 하고 집으로 돌아가는 하굣길은 교회에 빨리 갈 수 있어 좋았다.

이렇게 온통 머릿속에 교회 생각뿐인 나에게 지각이란 있을 수 없는 일이고, 설교 말씀은 아빠 없는 나에게 아버지가 되어 주시는 하나님 말씀이니, 장난치거나 졸 일도 만무했다. 그러니 나는 벌점 걱정은 할 필요가 없는 모범 성가대원이었다. 그런데 나중에 안 일이지만, 벌점은 성가대원들의 태도를 바로잡기 위함일 뿐, 정말 자격을 박탈시키는 건 아니었다. 그 사실을 알고 지휘자 선생님 얼굴을 보니, 일부러 매주 무서운 표정으로 엄포를 내셨던 얼굴이 귀여워 보이기까지 했다.

토요일에 성가대 연습이 끝나면 지휘자 선생님은 어김없이 즉석 떡볶이를 사 주셨다. 즉석 떡볶이집은 바로 교회 앞에 있어 우리 교회 사람들 모두 단골이었다. 즉석 떡볶이는 매일 먹어도 질리지 않는 음식이었다. 분명 즉석 떡볶이 안에는 아줌마가 질리지 않게 하는 마법 가루를 뿌려 놓은 게 틀림없다고 생각했다. 나는 즉석 떡볶이 덕분에 서울 엄마가 퇴근할 때까지 배를 곯을 일이 없어 좋았다. 토요일 성가대 연습 시간은 교회 친구들과 시간을 보낼 수 있어 재미있었고, 든든하게 끼니까지 챙길 수 있어 좋았다. 주말이 다시 행복해지기 시작했다.

그러던 어느 날, 전 교인 대상으로 '성경 암송 대회'가 열린다는 소식이 전해졌다. 내가 오기 전까지 매해 초등부 대상은 반주를 맡고 있는 아린이거나, 성가대 총무인 지민이 오빠였다고 했다. 올해도 유력 후보라며 다들 포기하는 눈치라 나도 머뭇거리고 있었는데, 성경 공부반 선생님이 이렇게 말씀하셨다.

"연희야, 선생님이랑 매주 토요일에 만나서 성경 암송 대회 준
비해 볼까?"

선생님은 토요일 성가대 연습이 끝나고 만나자며 싱긋 웃
어 보이셨다. 선생님의 부드러운 제안을 차마 거절할 수 없어
나는 바로 그 주 토요일부터 대회 준비를 시작하기로 했다. 이
번 성경 암송 대회의 암송 범위는 요한복음 14장 말씀이었다.

"너희는 마음에 근심하지 말라. 하나님을 믿으니 또 나를 믿으
라"

1절부터 마음에 감동을 주는 말씀이었다. 내가 서울에 와서
얼마나 마음에 근심이 많고 힘들었는지 하나님께서 잘 알고
계시는 것 같았다.

'아, 이건 내게 주시는 말씀이다!'

선생님은 31절까지 되는 분량의 말씀이니, 하루에 세 절씩
외워서 토요일에 선생님께 검사받는 형식으로 진행하자고 하

셨다. 선생님은 토요일에 만나면 암송을 검사하시기 전에 항상 내 두 손을 움켜잡고 나를 위한 기도를 해 주셨고, 미루지 않고 열심히 외워 오는 나에게 칭찬과 격려를 아끼지 않으셨다. 기도할 때마다 잡아 보는 선생님의 손은 언제나 따뜻했다. 선생님은 외워야 하는 그날 암송 분량이 끝나고 나면, 치킨도 사 주시고 빵도 사 주셨다. 한동안 토요일은 성가대 연습과 성경 암송 대회 준비로 바빴다. 그러나 선생님 덕분에 늦은 시간까지 혼자 있지 않아 좋았다. 불과 몇 개월 전까지만 해도 어색함을 감출 수 없는 사이였는데, 성경 암송 대회 준비로 토요일도 함께 시간을 보내니 부쩍 가까워짐을 느낄 수 있었다.

몇 주간의 시간이 흘러 드디어 초등부에서 성경 암송 대회가 열렸다. 그날은 전도사님의 설교 말씀이 매우 짧았다. 초등부에서 1등을 하면 11시 어른 예배 때 담임 목사님과 어른들 앞에서 다시 한번 암송할 특혜가 주어진다고 했다. 선생님은 옆자리에 앉아 처음 만났을 때처럼 내 어깨를 감싸 안아 주셨다. 순간, 자신감이 충전됐다. 어떤 반은 단체전으로 승부하겠다며 10절까지 함께 외우고 들어갔고, 장난꾸러기 승훈이는 1절만 외우고 들어가 초등부실을 웃음바다로 만들었다. 부끄럼쟁이 연실이도 20절이 넘도록 곧잘 외우고 들어갔다. 참가하는 데 의의를 둔 친구들의 순서가 끝나고, 유력 후보자인 아린이의 암송이 시작되었다. 아린이는 거침없이 암송을 해나갔다. 하지만 다섯 군데가 틀렸다. 두 번째 유력 후보자인 지민 오빠도 역시 잘했다. 몇 군데 더듬거렸지만 아린이보다는 적게 틀렸다. 이쯤 되니, 모두 올해는 지민이 오빠가 1등이라고 생각하며 환호성을 질렀다.

무슨 이유로 내가 마지막 순서였는지 아직도 잘 기억나지 않는다. 어찌 됐든 주인공은 마지막에 등장하는 법이라 생각하며 마지막 순서로 암송을 시작했다. 목소리는 떨렸지만, 나는 골리앗 앞에 선 다윗처럼 자신 있었다.

"내가 너희를 고아와 같이 버려두지 아니하고 너희에게로 오리라."

18절을 암송할 때는 가슴이 뜨거워지기까지 했다. 목이 메어 남은 구절이 걱정되는 순간도 있었지만, 무사히 31절까지 완주했다. 그 결과 나는 한 군데도 틀리지 않고 완벽하게 암송을 마쳤다. 예상치 못한 내 실력에 놀란 것인지, 유력 후보자들에게 미안했던 것인지 장내는 일순간 침묵이 흘렀다. 우리 반 선생님이 그 침묵을 깨려는 듯 박수를 크게 치자, 다른 반 선생님들도, 친구들도 같이 박수를 쳐 주었다.

예상을 뒤엎은 결과는 빠르게 퍼져 서울 엄마의 귀에까지 전달됐다. 성경 암송 대회로 초등부 예배가 좀 늦게 끝났는데, 이미 서울 엄마는 결과를 알고 교회 정문 앞에서 나를 기다리고 계셨다. 서울 엄마가 그렇게 환하게 웃을 줄 아는 사람이라는 걸 그때 처음 알았던 것 같다.

한 주가 빠르게 흐르고 또다시 주일이 찾아왔다. 서울 엄마는 어른 예배 때 다시 한번 암송을 해야 하니 한복을 입자고 하셨다. 그러나 나는 명절도 아닌데 한복을 입는 것이 마뜩잖았다. 내 표정이 좋지 않아도 서울 엄마는 기어코 한복을 강행했는데, 다행히 교회 어르신들은 한복 입은 내 모습을 예뻐해 주셨다. 예상치 못한 환대에 정신이 아찔했다. 담임 목사님의 설교 말씀이 끝나고, 나는 단상에 올랐다. 초등부실보다 두 배는 더 큰 것 같은 예배당에 서 있으니, 긴장감이 몰려왔다. 입에 침을 한번 묻힌 뒤, 암송을 시작했다.

"평안을 너희에게 끼치노니 곧 나의 평안을 너희에게 주노라.
내가 너희에게 주는 것은 세상이 주는 것과 같지 아니하리라.
너희는 마음에 근심하지도 말고 두려워하지도 말라."

암송이 여기에 다다르자 이제 몇 구절 남지도 않았는데, 머릿속이 갑자기 하얘졌다.

'어? 다음 구절이 뭐였지?'

나의 침묵에 어디선가 서울 엄마도 당황하고 있을 것만 같 았다.

'하나님, 도와주세요.'

간절한 외마디 기도가 닿았는지 하나님은 내 눈앞에 성경 책을 펼쳐 보여 주셨다. 짧은 순간이었지만, 환상인지 환영인 지 모를 신기한 경험을 하며 무사히 마지막 구절까지 암송을 잘 마쳤다. 암송이 끝나자, 어른들도 합심해서 안도의 한숨을 내쉬는 것 같았다.

그날 이후, 나는 교회에서 일약 스타가 되었다. 나를 모르 는 사람은 거의 없었다. 춘천에서 가족들의 귀여움을 독차지 하던 기억이 났다. 이제 그런 관심과 사랑은 받기 힘들 거라고 생각했는데, 담임 목사님을 비롯해 교회 어르신들 모두 나만 보면 기특하다고 칭찬해 주셨다. 초등부에서도 행사나 모임을 이끄는 주체자가 되기 일쑤였다. 교회 가는 즐거움은 학교생 활의 즐거움까지 배가시켜 주었다. 처음에는 교회 친구가 학 교 친구들이기도 해서 좋았지만, 성경 암송을 한 뒤로는 하나 님 믿는 사람이 학교생활도 잘해야 한다는 책임감이 생겨 공부도 재미있어졌다. 요한복음 14장 말씀을 암송하다 보니, 묵상도 절로 되었던 것 같다.

***

5월의 어느 싱그러운 봄날이었다. 성경 공부반 선생님은 오늘 날씨가 좋으니, 교회 앞에 있는 놀이터에 나가서 분반 공부를 하자고 하셨다. 5월은 봄의 끝자락과 여름의 시작점에 있어서 보다 다채로운 봄꽃들이 많았다. 하지만 나는 놀이터에서 큰오빠가 쥐어 주었던 세잎클로버가 제일 먼저 눈에 띄었다. 세잎클로버는 서울 같은 대도시에서는 볼 수 없는 줄 알았다. 놀이터에 수줍게 피어 있는 세잎클로버를 보니, 오빠들과 뛰어놀던 놀이터로 다시 돌아간 것 같았다. 키가 작아 자세히 살펴보지 않으면 화려한 봄꽃에 가려 제대로 감상할 수도 없는 꽃이라, 친구들 눈에도 들지 않는 꽃이라고 생각했다. 그런데 친구들이 놀이터에 도착하자마자 세잎클로버가 피어 있는 곳으로 달려가는 게 아닌가.

"우리 네잎클로버 찾아보자."

세현이가 외쳤다.

"네잎클로버 꽃말이 '행운'이래. 누가 먼저 행운을 잡을 수 있나 내기하자."

세현이 뒤를 이어 누군가가 내기를 시작했다.

'그럼 그렇지.'

세잎클로버는 네잎클로버를 찾으면서 보게 되는 후순위 꽃이었다. 친구들은 저마다 네잎클로버 찾기에 여념이 없었지만, 나는 지천에 깔린 세잎클로버만 바라보았다.

"연희는 네잎클로버 안 찾아볼 거니?"

선생님께서 다정히 물으셨다.

"네, 저는 '행복'을 말해 주는 세잎클로버가 더 좋더라고요."

선생님은 특유의 인자한 미소를 지어 보이시며 말씀하셨다.

"실은 선생님도 세잎클로버가 더 소중하더라고. 사람들은 '행운'을 잡으려고 애쓰지만, '행복'이 없으면 '행운'을 잡은들 가치가 없을 테니까. 우리들은 세잎클로버가 우리 삶 주변에 지천으로 널려 있는데도 얼마나 소중하고 감사한지 모르고, 오히려 밟고 다니면서 네잎클로버만 쫓고 다니니 하나님 보시기에도 참 안타까울 것 같아."

선생님 말씀을 듣고 세잎클로버를 바라보니, 세잎클로버가 더욱 의미 깊게 다가왔다. 세잎클로버는 '퍼지다'라는 학명처럼 해가 잘 드는 곳이면 어디서든 퍼져서 잘 자라고, 척박한 땅을 개량해 주어 생태계의 흐름을 원활하게 해 주는 역할을 한다고도 알려 주셨다. 아일랜드에서는 세잎클로버의 세 잎이 각각 성부와 성자와 성령을 의미한다고 하니, 마치 하나님 안에 거하는 삶이 행복한 삶이라는 것을 세잎클로버가 가르쳐 주는 듯했다. 그리고 척박한 땅에서도 선한 영향력을 끼치는 세잎클로버를 본받고 싶어졌다. 산이든 들이든 가리지 않고 퍼져 나가 생태계를 살리는 세잎클로버가 위대해 보였다. 큰오빠도 이런 깊은 의미까지 알고 나에게 세잎클로버를 준 것일까? 큰오빠가 유난히 보고 싶은 날이었다.

***

시간은 시나브로 흘러, 나는 어엿한 초등학교 선생님이 되었다. 임용 고사를 준비하던 또래 친구들은 모두 서울 소재의 초등학교 발령을 선호했지만, 나는 세잎클로버를 더 잘 볼 수 있는 지방의 작은 초등학교를 원했다. 그리고 나의 바람대로 나는 시골 분교에 임용되었다.

저출산 문제와 맞물려 지방 초등학교는 소멸 위기를 겪고 있지만, 서울 초등학교에서는 찾아보기 힘든 방과 후 활동이 주목받으면서 우리 초등학교는 다시 활기를 띠고 있다. 그중 숲 체험 학습이 제일 인기가 좋다. 숲 체험 학습이란 자연과 교감하는 시간을 가지면서, 자연의 생태를 익히고, 자연물을 키워 보는 수업인데, 이 수업을 통해 학생들은 서울에서는 느껴 보지 못했던 자연을 느끼며 어린이다운 생기를 되찾고 있다. 특히 주의력 결핍으로 ADHD 판정을 받은 학생이나, 학업 부담감으로 우울감을 호소하는 학생들의 부모들 사이에서 입소문이 난 수업이다.

윤슬이도 소아 우울증으로 힘들어서 이곳으로 전학을 오게 되었다고 들었다. 나는 지금도 윤슬이가 우리 초등학교에 전학을 오던 날을 잊을 수가 없다. 예쁘장한 얼굴이 무색할 만큼 윤슬이는 늘 무표정이었고 무기력해 보였다. 나는 그런 윤슬이에게 세잎클로버를 꺾어다 주었다.

"윤슬아, 세잎클로버의 꽃말은 '행복'인데, 우리 오늘부터 행복한 일 하나씩 찾아볼까?"

윤슬이는 내가 쥐어 준 세잎클로버를 만지작거렸다.
다음 날, 윤슬이는 등교하자마자 내 주변을 빙빙 돌았다. 그다음 날은 내 책상 위에 있는 볼펜이며 다이어리를 만지작거렸다. 그렇게 탐색전이 끝나갈 즈음, 어느 날 윤슬이는 내게 말했다.

"선생님, 저 오늘 행복한 일 한 가지 찾았어요."

나는 윤슬이의 까만 눈동자에 생기가 도는 모습을 보며 감사의 기도를 드렸다. 그날 이후, 윤슬이는 숲 체험 학습을 통해 성장하고 있다. 윤슬이는 나도 모르는 갖가지 꽃과 나무의 이름을 많이도 알고 있다. 그중 윤슬이가 제일 사랑하는 꽃은 세잎클로버인데, 아마 내 영향인 것 같다. 4학년 때 전학 와서 올해 5학년이 된 윤슬이는 이제 우리 초등학교 내 천방지축 말괄량이가 되었다. 별명은 '행복 전도사'이다. 윤슬이는 친구들에게 세잎클로버를 자주 선물했다. 코팅을 해서도 주고, 책갈

피에 꽂아도 주었다. 그리고 친구들에게 오늘도 행복한 일을 한 가지씩 찾아보라고 말해 주며, 그 행복은 우리 곁에 늘 있다고도 알려 주었다.

행복은 감사함에서 나온다. 예수님이 낮은 곳에 임하셔서 우리를 구원해 주신 감사함을 안다면 나는 어느 곳에서든지 행복하지 않을 수 없다. 세잎클로버는 어쩌면 그런 예수님의 마음으로 자신의 키를 낮췄는지도 모르겠다. 5월 햇살에 세잎클로버가 방긋 웃어 보인다. 하나님께서 보시기에 아름다운 세잎클로버가 세상 지천에 많이 피어나면 좋겠다.

김영주

현재 기파랑 문해원 광진광장원점에서 국어 강사로 재직 중이며, 각종 공모전에서 수상한 이력이 있다. 예수님처럼 한 알의 밀알이 되는 삶을 기도하고 기대하고 있다.

단편 소설
우수작

바라건대, 주여

나은비

***

둘째 아이가 초등학교에 입학하면서 나는 직장을 그만두었다. 첫째 아이의 문제 행동에 대한 우리 부부의 대책 중 하나였다. 나는 가정주부답게 학부모회에 이름을 올리고 녹색어머니회에 가입했다. 그곳에서 로희 엄마를 처음 만났다. 로희 엄마는 언제나 주목받는 인물이었다. 그녀가 있는 곳에는 늘 사람들이 모여들었다. 주변에 이제 직장을 그만두고 가정주부를 하기로 했다고 말하면, 대게 잘 생각했다느니, 지금 시기에 부모와의 관계가 아이의 어떤 성장 단계에 중요하다느니 하는 말들을 건네곤 했는데 그녀는 달랐다.

"쉽지 않은 선택이었을 텐데 대단하시네요."

몇몇 사람들과 대화하며 느꼈던, 워킹맘을 향한 자격지심

내지는 가정주부로서의 우월감 같은 감정이 전혀 섞이지 않은 목소리였다.

 "아이 때문에요. 지금 상담 다니고 있거든요. 자꾸 물건을, 친구들 물건을 종종….."
 "세상에… 마음고생이 많으셨겠어요, 정말….."

 그녀가 내 팔에 가볍게 한 손을 올리고 눈을 맞추며 낮은 목소리로 말했다.

 "로희 엄마, 부장 선생님 오셨어요."

 한 엄마가 다가와 말을 걸자, 그녀는 웃어 보이며 알겠다고 말하고는 내게 눈짓하며 "나중에 다시 이야기해요"라고 했다. 그날 나는 회의가 끝나고 생전 처음 보는 그녀 옆에 앉아 첫째 아이의 문제 행동과 우리 부부의 고민 같은 사적인 이야기를 술술 풀어놓았다. 그녀의 말투, 행동, 표정에는 상대방의 마음을 무력하게 만드는 어떤 매력이 있었다.
 로희 엄마는 20대 중반부터 출판사에서 일했다고 한다. 지금은 육아와 가정생활에 집중하며 외주로 들어오는 일만 간간이 하고 있다고…. 그녀는 첫째 아이가 초등학교에 입학하면서 직장을 그만두었다. 로희가 다른 아이들보다 언어 학습이 늦는 게 언어 자극을 충분히 받지 못해서라는 말을 듣자, 자책감 때문에 도무지 일이 손에 잡히지 않았다고 했다.

"육아는 공동이라지만, 아무래도 아이가 문제 행동을 하면 엄마가 더 큰 책임감을 느끼기 마련인 것 같아요. 그치만 그만두고도 한동안 내 경력, 커리어, 업계에서 잘 쌓아 둔 인맥 같은게 아쉽기도 하고 그랬죠."

나는 로희 엄마의 말이 더없이 공감되었다. 2학년 학부모회 부회장을 맡고 있는 로희 엄마는 완벽해 보였다. 듣지 않아도, 회장 자리는 부담스럽다며 거절했을 터였다.

처음 학부모회에 가입해서 신규 회원 엄마들 몇몇과 점심을 먹고 차를 한잔하러 간 그녀의 집 안은 매우 깔끔했고, 학교에서 마주친 그녀의 자녀들은 예의 바르고 발랄했으며, 회식 자리에 데리러 온 남편은 꽤 자상했다.

주말이면, 공원에서 아이들과 함께 산책을 즐기며 단정한 모습으로 이웃들과 인사를 나누는 그녀를 마주치곤 했다. 손을 놓으면 언제든지 튀어갈 준비가 되어 있는 둘째를 붙들고 얌전히 좀 있을 수 없겠냐고 다그치며 그녀의 옆을 지나칠 때는, 묘한 부끄러움마저 느낄 수 있었다.

***

    나는 원래 존재감이 희미한 사람이었다. 학창 시절에도, 성인이 되어서도 늘 배경에 머물러 있었다. 학부모 모임에서 내 의견을 묻는 사람은 없었고, 나는 조용히 자리에 앉아 있다가 등록부에 사인을 하고 오는 것이 대부분이었다. 녹색어머니회의 회의가 끝나자, 엄마들은 친한 이들끼리 삼삼오오 모여 떠들기 시작했다. 회의실이 금세 시끌시끌해졌다.

    나는 동떨어져 서류를 챙기며 늑장을 부리다 결국 먼저 자리에서 일어났다. '이놈의 텃세는⋯ 이러니까 신규 회원들이 하나같이 그만둔다고 하지' 하는 불평을 입안으로만 굴리며⋯. 그때 와자한 엄마들 틈에서 로희 엄마가 내게 말을 걸었다. 일순, 회의실이 조용해지고 수많은 눈이 나를 향했다.

    "일찍 가시려고요? 현우 엄마?"

    "아⋯ 네. 오늘 남편이⋯ 일찍 들어온다고 해서요."

    나는 머쓱해져서 더듬더듬 핑계를 지어냈다.

    "어머, 저도 오늘 수요예배가 있어서 일찍 가 봐야 하는데, 같이 가요."

그녀는 밝은 미소를 지으며 다른 엄마들과 인사를 나눈 뒤, 나에게 다가왔다. 우리는 함께 회의실을 나섰다. 그녀는 우리 집에서 멀지 않은 교회에 다니고 있었다. 단독 건물에 선교원까지 딸려 있는 그 교회는 동네에서 꽤 규모가 큰 편이었다. 길에서 몇 번 전도 초대장을 받은 적이 있었던 나는 그녀에게 알은체했다.

로희 엄마는 자신이 유치부에서 교사를 하고 있다며 다음에 시간이 되면 아이들과 한번 놀러 오라고 했다. 내가 어색하게 미소 지으며 시댁이 제사를 모신다고 하자, 그녀는 자신이 실례했다며 부담 갖지 말라고 했다. 그녀는 자연스럽게 화제를 바꿨다.

"현우 엄마, 아직 엄마들이랑은 많이 못 친해졌죠?"

"네. 아직은….."

"다음 회의 땐 저랑 같이 가요. 친한 분들 소개해 줄게요."

"고마워요. 저도 로희 엄마처럼 붙임성도 좀 있고 털털한 성격이면 좋을 텐데…. 부러워요. 다들 로희 엄마를 좋아하잖아요."

"아니에요. 제가 얼마나 부족한 게 많은 사람인데요. 그리고 현우 엄마도 좋은 분이시고요. 처음 오셨을 때부터 친해지고 싶다고 생각했어요."

우리가 서로를 칭찬하는 몇 마디 말을 주고받는 동안 금세 집이 가까워졌다. 로희 엄마와 휴대전화 번호를 교환한 나는 아쉬움을 굳이 숨기지 않으며 그녀에게 인사를 하고 돌아섰다. 직장을 다닐 때는 동료들과 시답잖은 이야기를 하며 티타임을 가지곤 했는데. 또래와 이렇게 편안하게 이야기하는 게 오랜만이라 그런지 들뜬 기분마저 들었다. 나는 집에 와서도 오늘 일을 몇 번이나 되새김질했다.

로희 엄마는 회의에서도 중간 관리자 역할을 톡톡히 해냈다. 오늘 녹색어머니회 회의에서 회원들끼리 일정을 조정할 때 작은 분쟁이 있었다. 3월에 미리 짜 놓은 일정표에 신규 엄마들을 끼워 넣은 과정에서 일정이 밀린 한 엄마가 불만을 표했던 것이다. 로희 엄마는 ― 나중에서야 한 엄마가 물어봐 알게 된 사실이지만 ― 그날 오후에 인천에서 무료 급식 봉사가 있음에도 자신의 일정과 흔쾌히 변경해 주었고 회원이 늘어 봉사 횟수가 줄어들었다며, 자신은 편해졌는데 아이가 녹색어머니 옷을 입고 있는 자신을 무척이나 자랑스러워해, 횟수가 줄었다고 하면 아쉬워할 텐데 쿠팡에서 이 조끼를 판매하지는 않는지 찾아봐야겠다고 농담을 덧붙여 회의실 분위기가 한순간에 화기애애해졌다. 그녀는 늘 긍정적이고 밝은 사람이었다. 그런 그녀를 미워하는 사람은 없었다. 나도 회사를 그만둘 때, 그런 멋있는 가정주부가 되고 싶었다.

"오늘 웬일로 기분이 좋아 보이네?"

"여보, 나 교회 한번 다녀 볼까? 그리고 주중에 봉사도 다녀 볼까 봐. 무료 급식 봉사 같은 거."

"교회? 그것도 괜찮지. 당신 동네에 아는 사람도 없을 텐데 다니면서 친구도 사귀면 좋고."

저녁을 준비하고 아이들 이부자리를 봐 주기까지 로희 엄마의 제안이 머릿속을 맴돌아 그날 밤, 나는 침대에 누워 남편에게 물었다. 걱정했던 남편의 반응은 생각보다 긍정적이었다.

'로희 엄마가 다닌다는 교회는 어떤 곳일까?'

막연하게 교회에는 로희 엄마 같은 사람들만 있을 것 같았다. 그 무리에 들면 자신도 그렇게 좋은 사람이 될 수 있을까? 어쩌면 로희 엄마와 함께 매주 월요일마다 인천의 한 복지관으로 무료 급식 봉사를 다니게 될지도 몰랐다. 나는 어린 시절에 전학 갔던 학교에서 처음으로 같은 반 아이에게 생일 파티 초대장을 받았던 날처럼 설랬다.

***

일요일 아침, 부엌에서 아침 식사를 준비하며 남편과 아이들에게 교회에 다녀오겠다고 말했다. 남편은 이미 알고 있었기에 조용히 고개를 끄덕였고 아이들은 눈을 반짝이며 따라가겠다고 성화를 부렸다. 아이들과 같이 놀러 오라고 했던 로희엄마의 말이 떠올라 잠시 고민했지만, 낯선 곳에서 아이들까지 챙길 정신은 없을 듯했다. 내가 거절하자, 아이들은 아쉬운 표정을 지었지만, 다음 주에 같이 가주겠다는 약속에 더 이상 조르지는 않았다. 남편이 공원에 생긴 간이 물놀이장에 가자는 말로 아이들의 관심을 돌린 사이, 나는 서둘러 준비를 마치고 집을 나섰다.

로희 엄마에게는 굳이 내 방문을 알리지 않기로 했다. 이상한 교회일 수도 있다는 염려 때문이었다. 예전에 한 방송에서 본 다큐멘터리가 떠올라 팔에 오스스 소름이 돋았다. 나는 두려움 반, 기대 반으로 열려 있는 교회의 문을 통과해 내부에 들어섰다. 교인이 아니라는 이유로 입구에서 제제를 당하거나 개인적인 서류를 작성하라고 할까 봐 겁을 먹었는데, 몰려가는 사람들과 섞여 있으니 아무도 내가 이 교회에 처음 나온 사람인 줄 모르는 것 같았다.

예배당에 들어선 나는 성스러운 분위기에 압도당했다. 따스한 햇살이 스테인드글라스를 통해 들어와 예배당 바닥에 아름다운 무늬를 만들어 내고 있었다. 앞쪽 벽에는 커다란 나무 십자가가 걸려 있었고 단상 아래쪽에는 성경 구절이 적혀 있었다. 나는 숨도 제대로 쉬지 못한 채로 뒤쪽 자리에 조용히 앉았다. 일주일 만에 만나는 지인과 안부 인사를 주고받고 있는 사람들의 모습이 평화롭고 다정하기 이를 데 없었다. 나는 아는 얼굴을 찾았으나, 그녀는 보이지 않았다.

왼쪽에 걸려 있는 대형 스크린에는 캄보디아, 대만, 태국 등 다양한 나라의 선교 활동 사진이 슬라이드쇼로 넘어갔다. 트랙터 같은 차에 타 흙먼지를 뒤집어쓴 채로 웃고 있는 사람들의 모습을 보자 마음 한구석이 시큰했다. 내가 가 본 해외여행이라고는 신혼여행, 친구와 함께 갔던 일본 여행이 전부였다. 해외 결연 후원 같은 건 해봤어도 저런 곳에 직접 가는 건 겁도 나고 나 같은 게 짐만 안 되면 다행이지 하면서도, 대학생 때는 열정 하나로 해외 교육 봉사도 지원했었던 기억이 스쳐 입이 떫었다.

예배를 시작하겠다는 안내 방송이 울리자, 사람들은 자리로 돌아가 입구에서 나눠 준 종이를 펼쳐 보고 성경책을 뒤적거렸다. 어느새 내 옆, 앞의 의자에 사람들이 가득 들어찼다. 옆자리에 앉은 50대쯤 되어 보이는 여성이 내게 성경책이 없는 것을 알아채고는 상냥한 미소를 지으며 자신의 성경책을 우리의 중앙에 밀어 놓았다. 나는 주뼛거리며 감사의 표시로 고개를 한 번 끄덕였다. 성스러운 분위기 때문일까? 복잡한 식순 때문일까? 나는 친하지 않은 지인의 결혼식에 참석한 것처럼 조금 어색하고 긴장됐다.

목사님의 설교가 진행되는 내내 나는 로희 엄마를 찾았다. 처음에는 설교에 집중하려고 애썼지만, 무슨 내용인지 이해하기가 어려웠다. 옆에 앉은 여성은 나와 반대로 몇 번이나 고개를 주억거리며 목사님의 설교가 끊어지는 순간에 맞춰 "아멘" 하고 응답했다. 나는 그녀를 따라 하려 했으나 도무지 타이밍을 알 수 없었다. 남들보다 한 박자 늦게 "아멘"을 외치고 나면, 몸이 덥고 손에는 자꾸 땀이 났다.

설교가 끝날 때까지 나는 로희 엄마를 찾지 못했고 오늘은 안 나왔나 하고 생각하던 찰나, 나는 단상 옆 성가대석 맨 앞줄에 있는 그녀를 발견했다. 성가대에 있을 거라는 생각을 왜 못 했을까? 예배의 마지막 순서를 알리는 아름다운 성가대의 노랫소리가 예배당에 울려 퍼졌다.

나는 예배당을 빠져나가는 인파를 피해 구석에 서 있었다. 발뒤꿈치를 들어 성가대석을 보니 성가대원들이 겉옷을 갈아입고 있었다. 로희 엄마 앞으로 예배당 앞쪽에 앉아 있던 몇몇이 다가갔다. 그들은 가볍게 손을 들어 인사를 건넸고 로희 엄마는 더없이 반가운 표정으로 그들을 맞았다. 그래도 여기까지 왔으니 인사는 하고 가는 게 맞겠다 싶어서, 나는 맨 끝자리에 자리를 잡고 앉아 로희 엄마가 뒷문에 다다르길 기다렸다. 하지만 예배당 중앙에 있는 그녀의 주변으로 사람들이 계속해서 모여들었다.

그들은 오늘 부른 찬송의 한 구절처럼 '빛 가운데 있는 사람'들 같았다. 그들의 대화는 들리지 않아도 칭찬과 존경, 위로와 응원에 말들로 가득하리라. 간간이 잘 다려진 셔츠 차림의 남편들은 아내 몫의 성경책마저 대신 들어 주고 있었다. 문득, 여기가 내가 있을 곳이 맞나 하는 의구심이 들었다. 그들의 모습을 보며, 나는 불편해서 더 이상 그 자리에 있을 수 없었다. 마치 내게는 그 자리에 있을 자격이 없는 것만 같았다. 로희 엄마와 친구가 될 수 있을 거라 생각했던 게 어리석게 느껴졌다. 로희 엄마 같은 사람과 나는 어울리지 않는 것 같았다.

***

일요일 내내 나는 기분이 좋지 않았다. 가뜩이나 불편한 마음으로 집에 돌아왔는데 남편과 아이들은 공원 분수대에서 대체 어떻게 놀다 온 건지 현관부터 젖은 모래들이 질척거렸고,

아무렇게나 벗어 둔 옷들 중 일부가 벽에 닿아 있어 벽지에 물자국이 났다. 나는 눈앞이 아찔할 만큼 짜증이 올라왔다. 눈썹을 한껏 올린 채로 욕실 문을 두드리려다 순간 로희 엄마가 떠올랐다.

'그녀라면 어떻게 행동했을까?'

나는 발길을 돌려 부엌으로 향했다. 물을 한 컵 들이켜고 나서 아이들이 벗어 놓은 옷가지를 세탁기에 집어넣고 가만히 식탁 의자에 앉았다. 어째 직장 생활을 할 때보다 더 속이 좁아진 것 같았다. 내가 꿈꾸는 모습과 지금 내 모습 사이의 괴리감 때문에 마음이 어지러웠다. 그녀는 어떻게 그렇게 결점이 없을까. 그녀가 매끄러운 표면의 진주라면 나는 모난 돌멩이 같았다.

"벌써 왔어?"

욕실에서 나온 남편이 물었다. 나는 멀뚱히 남편을 봤다. 남편이 내 표정을 보고는 교회에서 무슨 일이 있었느냐고 물었지만, 나는 대답하지 않았다. 어차피 말해 봤자 이해하지 못할 거라는 생각이 들었다.

'내가 반듯하게 다려진 셔츠를 입고 함께 교회에 가자고 하면 저이가 흔쾌히 좋다고 할까? 그럴 리가….'

하지만 남편이 그다지 다정한 면이 많지 않은 사람이라는 것보다도, 그를 향한 미움 섞인 마음들이 나를 더 힘들게 했다. 매 순간 '왜 나는 로희 엄마처럼 상냥한 사람이 되지 못할까?' 하는 회의감이 나를 사로잡았다.

***

월요일 아침, 나는 둘째 아이를 학교에 데려다주고 나서 집으로 돌아오는 길에 옆집에 사는 지아 엄마를 만났다. 지아 엄마는 얼마 전 학부모회를 그만두었고, 그 후로는 자주 얼굴을 보지 못했다. 먼저 알은체해 온 지아 엄마는 내게 점심 전에 가볍게 차 한잔을 하자고 제안했다. 나는 딱히 다른 일정도 없어 좋다고 하며 그녀를 따라갔다. 지아 엄마는 로희 엄마와 같은 아파트 단지에 살았다. 나는 괜스레 로희 엄마를 마주칠 수도 있겠다는 생각이 들어 긴장됐다. 지아네 집은 우드 톤의 로희네 집과는 달리, 블랙과 화이트 톤으로 인테리어를 해 놓아서인지 조금 더 깔끔하고 세련된 느낌이었다.

내가 타원의 탁자 앞에 앉자 지아 엄마가 머신에서 커피를 내렸다. 고소한 커피향이 거실에 퍼졌다. 지아 엄마와 나는 그간의 근황을 주고받았다. 처음에는 가벼운 이야기로 시작했는데 어느 순간 이야기의 소재가 학부모회로 넘어갔다.

"현우 엄마는 아직도 학부모회 나가? 대단하다."

"그냥 나가는 거죠, 뭐. 딱히 할 일도 없고…."

"거기 엄마들 정말… 가식적이야."

"네? 왜요?"

나는 모르는 양 대답했다.

"겉으로는 하하호호 떠들면서 뒤에서는 서로 흉보잖아."

"아….."

"특히 거기 부회장하는 엄마, 여기 옆 동 사는…."

"로희 엄마요?"

나는 뜻밖의 이름에 당황했다. 로희 엄마와 몇 번 이야기를 나눴지만, 험담하는 것을 본 적은 단 한 번도 없었다.

"그래, 로희 엄마! 나 엊그제 잠깐 통화하러 놀이터에 갔는데,

그 여자가 누구랑 통화 중이더라고. 근데 아주 소리를 소리를 막 지르면서 화를 내는데, 무서워서 그냥 집에 왔다니까?"

"에이, 잘못 본 거 아니에요?"

"아니야, 그 여자가 신고 다니는 주황색 샌들 있잖아. 애기가 이름 써 줬다는…. 왜, 비싼 신발에 낙서해 놨는데 엄마가 잃어버릴까 봐 그랬다고 해서 화를 낼 수가 없었다며 자랑했던…. 그거 딱 신고 있더라고."

기억났다. 상기된 얼굴로 자신의 신발을 보이며 발랄한 목소리로 말하던 로희 엄마의 모습이…. 점심도 먹고 가라는 지아 엄마를 마다하고 집으로 돌아가는 길, 마음이 무거웠다. 나는 단지 내 어딘가에서 로희 엄마를 마주칠 수도 있다는 생각에 땅바닥에 시선을 둔 채로 빠르게 발을 옮겼다. 지아 엄마가 들려준 이야기는 충격적이었다. 로희 엄마의 완벽한 모습이 모두 가식이라니, 꾸며 낸 모습이라니…. 믿기 어려웠다.

지금껏 내가 겪어 본 로희 엄마는 그럴 사람이 아니었다. 하지만 로희 엄마의 그 이상적이기만 한 모습이 때로는 인간미 없게 느껴지곤 했다. 그럼에도 나는 로희 엄마를 동경했다. 그녀의 상냥한 미소, 적의 없는 말투, 매끄러운 인간관계. 그 모든 것이 내가 바랐던 이상적인 모습이었다. 그녀처럼 되고 싶었다. 하지만 한편으로는 지아 엄마의 말을 들으며 '그럼 그렇지' 하는 생각이 들었다. 나는 "세상에 그런 사람이 어디 있어?"라고 하는 지아 엄마의 말에 공감하며 고개를 끄덕였다.

교회에 다녀온 날, 어질러진 집 안에 앉아서 그런 생각을 했던 것 같다. 로희 엄마에게 치명적인 결점이 있었으면 좋겠다고…. 그래서 내가 그녀의 모습과 스스로의 모습을 비교할 때, 숨 쉴 구멍이 좀 있었으면 좋겠다고…. 그래서 지아 엄마가 하는 말들이 거북하면서도 반가웠다. 그러나 지아 엄마의 말을 곧이곧대로 믿을 만큼 순진하진 않다. '그녀의 말에는 어느 정도 과장이 있으리라. 그렇지만 과장이 되었다 한들 사실에 기반했을 것이 아닌가?' 나는 온종일 거대한 비밀을 우연히 알게 된 사람처럼 근심 있는 표정으로 있었다.

"당신, 무슨 고민 있어? 정신이 딴 데 있는 사람처럼 왜 그래?"

남편이 물었다.

"그게… 아니야. 당신한테 말해도 몰라."
"무슨 일인데? 현우 때문에 그래?"
"아니, 아니야. 현우야 뭐, 잘하고 있는데…. 글쎄 그냥, 내가 잘하고 있는 건가 하는 생각이 요즘 부쩍 들어서…."
"당신이 뭘, 당연히 잘하고 있지."

나는 남편의 다정한 말에 눈물이 핑 돌았다.

"더 좋은 아내, 더 좋은 엄마가 되고 싶다는 거지."
"지금도 충분해."
"매일같이 화내고 잔소리나 하고…."
"사람이 다 그렇지."

남편이 잠든 후에도 나는 그의 말이 머릿속에 맴돌았다. '사람이 다 그렇지' 그래, 사람이 어떻게 늘 밝고 긍정적일 수가 있을까? 설사 로희 엄마가 진짜 누군가에게 지나친 언행을 퍼부었다고 해도, 그것이 로희 엄마의 뒷담화를 정당화할 수는 없다. 나는 지아 엄마의 말에 동조했던 게 부끄러워졌다.

그렇다면 로희 엄마가 본모습을 숨기고 그렇게까지 완벽한 모습을 유지하려 애쓰는 이유는 뭘까? 이건 알 것 같았다. 그것이 나에게 직접적인 이득을 주는 건 아니지만, 누구나 다른 사람에게는 완벽한 사람처럼 보이고 싶은 욕망, 남들에게 동정보다는 부러움을 사고 우월한 위치에 있고 싶은 욕구가 있으니까, 또 좋은 평판을 얻어 나쁠 것도 없고….

'로희 엄마도 우리랑 똑같은 사람이구나.'

참 피곤할 것 같았다. 거기까지가 길에서 로희 엄마를 우연히 마주치기 전까지 내 고뇌의 한계였다.

＊＊＊

6월 중순밖에 안 되었는데 벌써 여름 날씨였다. 제법 후덥지근한 바람을 맞으며 나는 할인 전단지로 햇볕을 가린 채, 새로 생긴 마트로 향했다. 갈비를 한정 세일 한다고 하니 두 팩 정도 사 와 찜을 할 참이었다. 아이들이 등교하고 난 시각이어서 그런지 바깥에는 다니는 사람이 별로 없었다.

단지를 빠져나와 그늘이 있는 큰길로 들어섰을 때, 나는 앞서가는 한 여자를 발견했다. 회색 추리닝 바지에 흰색 반팔 티셔츠를 입고 있었다. 모자 아래로 단발머리가 그녀의 걸음에 맞춰 규칙적으로 흔들렸다. '학생인가?' 모자를 써서인지 나이를 가늠할 수 없었다. 그때 '툭' 하고 여자의 지갑이 떨어졌다. 내 시선은 자연스럽게 아래로 향했다. 안면이 있는 주황색 샌들이었다. '유수진' 삐뚤삐뚤한 글씨로 로희 엄마의 이름이 쓰여 있었다.

나는 순간 발걸음을 멈췄다. 교회에 다녀온 뒤, 몇 주간 학부모 모임을 빠지고 있었는데 우연히 그녀를 마주쳤다는 당혹

감과 평소와는 다른 그녀의 모습에 대한 낯섦 때문이었다. 혹시 그녀도 마트에 가는 건가 싶어, 나는 발길을 돌릴까 고민하며 조금 거리를 두고서 그녀를 뒤따랐다.

로희 엄마는 마트가 있는 사거리에서 몸을 틀었다. 나는 그녀가 이 시각에 저런 차림으로 어딜 가는 것인지 궁금했다. 깜빡이는 신호등과 그녀의 뒷모습을 번갈아 가며 보다가, 나는 그녀를 따라 내 발길을 돌렸다. 조금 걷다 보니 로희 엄마의 목적지를 알 것 같았다. 교회. 그녀는 내 예상대로 교회 정문을 통과해 들어갔다. 그러고는 교회 앞을 쓸고 있는 기사님께 목례를 하고서 교회 안으로 들어갔다. 나는 조금 망설였다. '수요일이 아니니 수요예배 때문도 아닐 테고….' 나는 교회 앞을 서성이다가 시간차를 두고 정문을 지나쳤다. 로희 엄마처럼 인사를 건네니 기사님께서는 평등한 미소로 나를 맞아 주었다.

처음 교회에 왔을 때는 열려 있어서 몰랐는데, 예배당으로 들어가는 문이 무척 컸다. 나무로 된 손잡이를 잡는 손에 금세 땀이 뱄다. 나는 조심스럽게 문을 열었다. 쇳소리라도 날까 봐 걱정했는데 접하는 부분에 스펀지로 한 겹 처리가 되어 있어 부드럽게 열리고 닫혔다.

커튼이 쳐진 예배당은 어두웠다. 벽에 걸린 십자가를 향한 조명만 켜져 있어 개화기의 성당에 온 느낌마저 들었다. 안에는 서너 명의 사람들이 서로 멀찍이 떨어진 채로 앉아 있었다. 일부러 거리를 두고 앉은 듯이…. 일요일 낮의 풍경과 상반되는 모습이었다. 로희 엄마는 앞에서 세 번째 칸쯤 되는 의자에 앉아 있었다. 나는 조심스럽게 발을 옮겨 그녀와 다섯 칸쯤 떨어진 곳에 앉았다. 그녀가 기도하는 중얼거림이 어렴풋이 들렸지만, 알아들을 수는 없었다.

'무얼 바라고서 그 뒤를 쫓아온 걸까?'

나는 그런 생각을 떨쳐 버리려 애쓰며 '평소에도 이렇게 교회에 오는구나' 하고 조금만 더 앉아 있다가 자리를 뜰 생각이었다. 그때, 로희 엄마의 목소리가 점점 선명해졌다.

"하나님, 저를 시험에 들게 하지 마세요. 너무 힘이 듭니다. 우리 가정에 고통을 준 그놈이 하루빨리 경찰에 붙잡히도록 해 주세요. 아버지, 그를 벌하여 주옵소서. 그가 하는 일이 모두, 모두 망하게 하시고 어딜 가도 환대받지 못하게 하소서. 주님은 자기 백성을 위하여 싸우는 분이시니, 부디 그가 후회하며 고통 속에 살다 지옥에 떨어지게 하소서."

그녀의 목소리는 격앙되어 갔고, 기독교에서 말하는 방언

들이 쏟아져 나왔다. 나는 입이 떡 벌어졌다. 지아 엄마의 말
이 떠올랐다. 귀로 듣고 있으면서도 내가 아는 로희 엄마가 저
기 앉아서 누군가에게 저주를 퍼붓고 있는 것이 맞는지 믿을
수 없었다. 남편의 섣부른 결정에 대한 원망, 시부모의 무조건
적이고 일방적인 지지를 향한 경멸, 가정의 불화로 인한 고통.
내가 이해할 새도 없이 그녀의 기도가 쏟아졌다. 그러다 순간,
나는 그녀가 흐느끼고 있음을 깨달았다.

　로희 엄마는 한동안 가슴을 치면서 울었다. 그때부터는 그
녀의 기도를 알아들을 수 없었다. 그건 온전히 신과 그녀만의
대화였다. 그 울음이 잦아들고 나서야 나는 그 대화를 엿듣는
게 로희 엄마에게 얼마나 실례가 되는 행동인지 깨달았고, 조
심스럽게 자리에서 일어나려 했다. 한숨을 쉬듯 그녀의 어깨
가 들썩이고 다시 기도가 시작됐다. 자리를 뜨려고 뒤를 돌아
보는데, 익숙한 이름 하나가 내 발목을 잡았다. 현우, 내 아들
의 이름이었다. 나는 울컥 화가 났다. '무엇 때문에 지금 그 기
도에 현우가 나온 걸까?' 나는 벌떡 일어나 그녀의 목소리가
들리는 자리까지 갔다.

　　"… 현우가 하루빨리 엄마의 사랑을 알게 해 주소서. 그 가정이
　　평안하게 하소서. 그 어미의 마음을 위로하시고……"

뒤통수를 한 대 얻어맞은 기분이었다. 누군가가 나를 위해, 내 아이를 위해 기도하는 걸 살면서 처음 들었다. 물기 머금은 그녀의 목소리가 간절하고 간곡하게 들려왔다. 그녀는 이어서 학부모회 엄마들, 내가 알지 못하는 그녀의 이웃들을 위해 기도했고 이 나라와 사회를 위해서, 나아가 전쟁 중인 국가와 굶어 죽는 사람들을 위해서 기도했다. 대형 스크린에 슬라이드 쇼로 넘어가던 사진들이 꿈속 기억처럼 머릿속에 떠올랐다. 그리고 잠시 침묵이 이어졌다.

"바라건대… 바라건대, 주여. 저를 용서하소서. 그를 미워하고 저주했습니다. 그가 죽기를 바랐습니다. … 주님, 제게 그를, 그를 용서할 수 있는 용기를 주소서."

그녀는 자신을 탓하고 저주의 기도를 번복하며 그를 용서할 수 있게 해 달라고 기도했다. 나는 울부짖으며 저주의 기도를 할 때보다 자신의 죄를 용서해 달라고, 원망하는 마음을 없애 달라고 간청하는 그녀의 목소리가 더욱 고통스럽게 느껴졌다. 로희 엄마는 처절하게 신께 매달렸다.

나는 충격에 휩싸여 멍하니 그녀의 뒷모습만 바라보고 있다가, 로희 엄마가 "아멘" 하는 소리에 놀라 허겁지겁 의자 아래로 몸을 숨겼다. 그녀는 숨죽여 자리를 정돈하고 조심스럽게 자리에서 일어나 예배당을 빠져나갔다. 나는 온갖 신경을 곤두세우고 커다란 문이 스르륵 닫히는 소리를 들었다. 그리고 다시 자리에 앉았다. 어느새 기도하던 사람들은 돌아가고 아무도 없었다.

나는 한동안 멍하니 앉아 있었다. 로희 엄마도 남들에게 잘 보이려 애쓰는, 좋은 평판을 위해 본 모습을 숨기고 가식적으로 행동하는 그런 평범한 사람에 불과하다고 단정 지었던 것이 죄스러웠다. 자신이 믿는 신 앞에 떳떳하려 울부짖으며 기도하는 사람을 그렇게…. 로희 엄마의 매일이 이렇게 치열한 싸움일 텐데…. 고통, 분명 내가 그녀의 기도를 들으며 느낀 감정은 고통이었다.

'무엇 때문일까? 무엇이 그녀로 하여금 이토록 진실로 무결한 선함을 추구하게 만들까?'

나는 고개를 들어 앞을 봤다. 십자가, 십자가가 보였다. 문 득, 그녀가 믿는 신이 궁금해졌다. 그녀가 기도를 마치기 전, 나지막한 목소리로 주문을 외듯 수십 수백 번 반복해 토해 낸 말 마디가 귓가에 선명히 맴돌았다. 나는 그 말을 조심스럽게 읊조렸다.

"… 바라건대, 주여."

나은비

대학에서 문학을 공부하고, 〈한겨레21〉 제15회 손바닥문학상 우수상을 수상했다. 소설을 쓰는 일이 늘 도전이다. 사연을 가진 이들이 불쑥 찾아 오면 반갑기도 하지만, 금세 두려움이 앞서기 때문이다. 오늘도 그 무게 를 기도로 버티며 한 줄 더 써 내려가 본다. 계속 쓸 수 있음에 감사하다.

단편 소설

가작

들보 속 가시밭길

이학기

＊＊＊

엄마가 죽었다. 정의롭게 살아온 엄마가 말이다. 차라리 아빠를 데려가시지, 왜 하필 엄마냔 말이다. 엄마는 법 없이도 사는 사람이었다. 반면 아빠는 법이 있으면 못 사는 사람이었다. 아빠는 허구한 날 시비가 붙어 길에서 주먹다짐을 벌였다. 회사에서도 동료를 패는 바람에 실직을 반복했다. 술을 마신 날에는 엄마와 나를 구타할 때도 있었다. 나는 엄마에게 제발 이혼하라고 매달렸다. 그리고 중학생이 되면서 나는 엄마와 둘이 살 수 있었다.

엄마가 떠난 빈자리. 방 두 칸짜리 집이 공허한 우주처럼 느껴졌다. 공기처럼 빈틈없이 공간을 채웠던 엄마의 존재감이 사라진 탓일까. 심상에 호흡곤란이 왔다.

"많이 힘들지? 얼른 시집이라도 가야 네가 덜 외로울 텐데…."

겨우 괜찮아질 만하면 여지없이 나를 괜찮지 않은 애로 만들어 버리는 관심이 부담스러웠다. 특히 교회 사람들의 오지랖이란…. 주일이 돌아왔지만, 교회에 가지 않았다. 식탁에 놓인 엄마의 성경책이 눈에 들어왔다. 엄마는 늘 식탁에 앉아 성경을 읽으셨다.

"항상 기뻐하라. 쉬지 말고 기도하라. 범사에 감사하라. 이는 그리스도 예수 안에서 너희를 향하신 하나님의 뜻이니라."

삼색 물결로 그어진 밑줄을 따라가며 엄마의 숨결을 느끼다 멈춘 곳은 데살로니가서였다.

'상황을 이 지경으로 만들어 놓고 항상 기뻐하라고? 쉬지 말고 기도하며 범사에 감사하라고? 그것이 나를 향한 '하나님의 뜻' 이라고?'

변태가 아닌 이상, 어떻게 지금 내게 이런 말을 할 수 있냐고 따지고 싶었다. 부들부들 떨리는 내 마음을 알았는지 마침 휴대폰도 웅웅거리며 온몸을 떨었다.

"희진아, 어떻게 지내? 요새 통 소식도 없고 궁금해서 연락했어."

선배 언니의 전화였다. 나는 언니에게 한참을 쏟아 냈다. 다 정리하고 엄마의 흔적이 없는 곳에서 새롭게 시작하고 싶다고, 이사도 가고 교회도 옮기고 싶다고…. 언니는 화들짝 놀라며 자기가 섬기는 교회의 올해 중심 말씀이 데살로니가서라고 말했다. 다시 돌아온 주일, 나는 언니의 교회로 향했다. 도착한 곳은 어느 작은 카페였다. 주일마다 공간을 빌려 50명 남짓 조촐하게 모이는 공동체였다. 담임 목사의 설교는 1시간 넘게 이어졌다. 군더더기 없이 오로지 성경으로 성경을 풀이하는 설교였는데 하나도 지루하지 않았다. 딱 여기다 싶었다.

***

낯선 곳에는 나를 향한 오랜 관심이 없어서 좋았다. 게다가 이전 교회에서 수년간 담당했던 청년부 회장, 중고등부 교사, 찬양 인도 등의 책임에서 벗어나니 숨통이 트이는 것 같았다. 조용히 예배에만 집중할 수 있었다.

두 달쯤 지났을까. 출퇴근 두 시간을 아낄 수 있는 데다가 편의 시설이 잘 갖춰진 오피스텔로 이사하고 나니 삶의 질이 좋아졌다. 이렇게 행복해도 되나 싶을 정도로 퇴근 후 직접 요리도 해 먹고 헬스장, 카페 등 커뮤니티 시설도 이용하며 오피스텔 생활에 적응해 갔다. 새 교회에도 어느 정도 익숙해졌다. 한 달 전부터 나를 굉장히 반갑게 맞아 주는 어느 다정한 권사가 있었다. 아마 선배 언니가 교인들에게 나를 굉장히 좋은 이미지로 포장해 놓았던 모양이다. 다정한 권사는 나를 볼 때마다 어쩜 이렇게 얼굴도 예쁘고 신앙생활도 예쁘게 하냐며 온화한 미소를 보냈다. 지나친 관심은 사양하고 싶었지만, 예쁘다는 말까지 사양하기는 힘들었다.

주일마다 담임 목사는 올바른 정신으로 하나님의 사람들을 세워 가야 한다고 강조했다. 벚꽃잎이 흩날리던 어느 날, 담임 목사는 처음으로 외부 강사를 초청해 교회에서 글쓰기 모임을 열었다. 오목한 다섯 장의 이파리가 모여 있는 벚꽃잎처럼 나와 다정한 권사의 두 아들, 집사와 장로까지 다섯 명이 모였다.

공교롭게도 글쓰기 모임의 첫 과제는 제럴드 싯처의 《하나님의 뜻》을 읽고 서평 쓰기였다. 이건 분명 계획된 우연이자 필연적 우연이라는 생각이 들었다. 여전히 내 안에는 허망하게 엄마를 떠나보낸 분노 섞인 의문이 해소되지 않은 채 표류했다.

'기도와 전도, 예배에 그 누구보다 열심인 우리 엄마를 왜 그렇게 허망하게 데려가야만 했나요? 도대체 하나님 당신의 뜻은

무엇인가요!?'

    당장 내 가슴을 찢고 쏟아져 나오려는 말을 주워 담을 그릇이 필요했다. 교통사고로 어머니와 아내, 딸을 한 번에 잃은 저자가 들려주는 이야기에 나는 심장이 아렸다. 숨죽이고 그에게 귀 기울였다. 한참을 들은 후 나는 천천히 입을 뗐다. 수없이 책장의 귀퉁이를 접고 여백에 깨알같이 적는 것도 모자라 포스트잇까지 붙여 가며 밤새도록 저자와 대화했다. 한밤중처럼 진한 위로가 내게 스며들었고 이른 아침처럼 잔잔한 희망이 나를 휘감았다.

    다정한 권사의 두 아들과 글쓰기도 같이 하고 청년부에서 마주치는 시간도 많아지면서 나는 그들과 많이 가까워졌다. 다정한 권사는 내게 반찬도 해 주고 집밥도 해 줬다. 오랜만에 먹어 보는 엄마의 밥이었다.

    그날도 나는 다정한 권사와 저녁을 먹고 있었다. 식사를 마치자 다정한 권사는 나와 단둘이 할 이야기가 있다며 자리를 옮기자고 했다. '갑자기 이렇게 분위기를 잡는다고?' 반주로 마신 맥주 때문인지 살짝 얼굴이 뜨거워졌다.

    "희진아, 나는 가식적인 신자야. 부족한 것도 많고 죄인이야…."

'뭐지? 설마 맥주 한 캔에 취하신 건가? 뜬금없이 무슨 말씀인
지….'

"있잖아…. 나는 희진이가 우리 식구가 되었으면 좋겠어. 우리
큰아들 어떻게 생각해?"

'네? 이렇게 뜬금없이요?'

"미안해. 내가 갑자기 이상한 소릴 해서…. 사실 나는 큰아들의
배우자감을 놓고 계속 기도하던 중이었어. 100일 작정 기도를
했는데, 그 기도가 끝난 바로 다음 날 희진이가 우리 교회에 온
거야. 얼굴도 예쁜데 진지하게 신앙생활 하는 모습이 어찌나 예
쁘던지…."

그날 어떻게 대화가 마무리됐는지 모르겠다. 화끈거렸던
내 얼굴, 비틀거렸던 그녀의 걸음걸이만 기억날 뿐. 선배 언니
에게 이 사실을 털어놓았다. 언니는 큰아들을 쭉 지켜봤는데,
성품도 좋고 가족 사업을 이어받을 능력도 있으니 이만한 신
랑감이 어디 있겠냐며 잘해 보라고 호들갑을 떨었다.
실은 나도 처음부터 큰아들 주형에게 호감을 느꼈다. 넓은
어깨에 훤칠한 키, 선해 보이는 얼굴은 물론, 교회 어른들한테

도 싹싹하게 잘하는 모습이 좋아 보였다. 주형도 내게 표현은 안 했지만, 여자의 촉이라 게 있지 않은가. 하지만 작은 교회 안에서 교제는 조심스럽기만 했다. "나는 가식적인 신자야"라는 다정한 권사의 음성이 계속 귓가에 맴돌았다. 엄마가 생각났다.

'하나님 앞에서 늘 자기를 돌아보며 마음 아파하던 엄마. 어쩌면 다정함이 나의 허전함을 채워 줄 수도 있지 않을까? 결손 가정에서 자란 나를 이렇게 예뻐해 줄 시어머니가 또 있을까? 에잇, 지금 내가 무슨 생각을 하는 거야! 왜? 그렇다고 딱히 안 될 것도 없잖아? 아… 모르겠다.'

***

나는 주형과 초고속 결혼식을 올렸다. 신기하게도 우리는 '좋은 배우자가 되고 싶다'라는 결혼관이 통했다. 게다가 주형은 하나부터 열까지 아빠와 달랐다. 다정다감하고 착했다. 얌전하고 욕도 안 했다. 나는 아빠와 정반대의 사람과 결혼하길 꿈꿔 왔다.

그런데 내가 물리적 결손 가정에서 자랐다면, 주형은 심리적 결손 가정에서 자랐다. 분명 화목해 보였던 주형의 부모님도 사실 쇼윈도 부부였음을 결혼하고 나서야 알게 되었다. 주형은 늘 싸움이 그치지 않는 부모님 밑에서 사업을 도우며 묵묵히 일했다. 주형은 책임감이 남달랐다. 동생들까지 불행해지지 않길 바라며 늘 가정의 평화를 수호하기 위해 부모님의 비위를 맞추고 눈치를 살폈다. 심지어 부모님의 갈등이 최고조였을 때, 주형은 대학 진학도 포기하고서 부모님의 사업에 한 몸을 바쳤다. 10년 넘게 일해 왔지만, 단 한 번도 월급을 받지 못했다는 사실은 결혼하고 나서야 알게 되었다. 시어머니의 카드로 생활해 왔던 주형. 그의 수중에는 한 푼도 없었다. 반면에 시동생들은 대학에서 피아노와 성악을 전공할 정도로 많은 지원과 혜택을 누렸다.

결혼할 때도 주형은 "부모님 사업이 예전에는 잘됐는데 경쟁 업체가 많아지면서 너무 힘들어졌어"라며 계속 부모님을 걱정했다. 정작 돈이 없어 걱정해야 할 사람은 자기 자신이었는데 말이다. 불행 중 다행으로 내게는 자그마한 전셋집을 구할 만한 돈이 있었다. 엄마가 들어 둔 암 사망 보험료가 생각보다 많이 나온 덕분이었다.

나 하나만 놓고 보면 서울 4년제 대학을 나와 대기업에서 능력도 인정받는 데다 신앙과 외모도 나쁘지 않으니, 어디에 내놔도 꿀리지 않았다. 100점 만점에 90점. 하지만 한국 사회에서 결손 가정이라는 배경은 너무나 큰 페널티가 아닐 수 없다. 내 잘못도 아닌데 말이다. 마이너스 30점. 게다가 아빠는 신용 불량자에, 벌이도 없고 건강까지 안 좋은 데다, 엄마는 이미 천국에…. 다시 마이너스 30점. 종합 점수는 100점 만점에 30점.

30점짜리 며느릿감에게 먼저 손 내밀어 준 다정한 권사, 그런 나를 아내로 맞아 준 주형에게 고마우면서도 서글펐다. 결혼 전에 한번은 주형에게 나 같은 조건의 여자를 다정한 권사가 왜 예뻐하는지 이해가 안 된다고 하자 놀라운 답변이 돌아왔다.

"엄마도 화목한 가정에서 자란 며느리를 원했는데 계속 기도하다 보니 하나님 안에서 화목한 게 훨씬 더 중요하다는 마음이 들더래. 희진이가 기도 응답이었던 거지."

요즘 시대에 여자가 집 마련해 오고 남자가 혼수 마련해 오면 뭐 어떤가. 나는 엄마가 자기 목숨과 바꿔 남겨 준 돈으로 전셋집을 얻었다. 평상시 시어머니의 예사롭지 않은 차림새를 봐도, 50평대 아파트의 시댁을 방문했을 때도 별로 어려워 보이진 않았는데, 남편은 계속 부모님의 형편을 걱정했다.

다정한 권사도 잘해 주지 못해서 미안하다고 하는 걸 보니 내가 모르는 속사정이 있겠지 싶었다. 하지만 결혼이라는 게 성경에서도 "남녀가 부모를 떠나 한 몸을 이루는 것"이라고 하지 않았던가. 부모를 떠난다는 것은 단순히 몸만 떠나는 게 아니라 정신적, 경제적으로도 독립하는 것을 뜻한다. 그런 의미에서 남편은 독립하지 못한 상태였다. 나는 조심스레 말을 꺼냈다.

"오빠, 지금 내가 버는 돈으로도 우리 둘은 충분히 생활할 수
있잖아. 하지만 우리가 이제 가정을 이뤘으니, 오빠가 일하는
것에 대해 월급을 받는 게 맞지 않을까? 액수가 중요한 게 아
니라 상징적으로라도 그런 변화가 필요하지 않나 하는 생각이
들어."

다행히 남편은 내 말에 동의했다. 엄마와 이야기해 보겠단다. 다행이었다. 며칠 후 남편이 해맑게 이야기했다.

"엄마랑 이야기했더니 엄마도 당연히 그렇게 해야겠다고 하더
라. 잘됐지? 이제부터 130만 원씩 받기로 했어."
'응? 내가 잘못 들은 거 아니지? 6년 차인 나도 월 350만 원을
버는데, 9년 차에 오너 아들인 남편이 월 130만 원을 받는다고?
그 정도로 사업이 어려운 건가?'

내 머릿속에는 수만 가지 질문이 꼬리에 꼬리를 물고 기차 놀이를 했지만, 남편의 자존심까지 건드리고 싶지는 않았다.

"으…응. 잘됐네…."

나는 어색한 미소로 해맑게 웃는 남편에게 화답했다. 분명 액수가 중요한 게 아니라고 내가 뱉은 말도 있으니 뭐라고 하겠는가.

'당장 돈이 필요한 것도 아니니 그냥 넘어가자. 그나저나 진짜로 사업이 어려운 거면 어떡하지? 우리한테 보증을 서 달라고 하면 어쩌지? 설마 집에 압류 딱지 붙는 건 아니겠지?'

이런 공상력으로 소설이라도 쓸 걸 그랬나 보다. 어느새 물어뜯고 있던 손톱을 퉤퉤 뱉고는 밀린 설거지나 해야지 싶어 고무장갑을 꼈다. 깨끗하게 씻긴 그릇처럼 내 머릿속도 깔끔해졌으면 얼마나 좋을까. 그나마 나라도 경제적 능력이 있으니 얼마나 다행인지….

***

결혼 4년 차, 직장 생활 9년 차에 나는 더 큰 회사로 이직했다. 전 직장 '우리들'은 수익의 10%를 사회에 환원한다며 착한 기업 이미지를 내세우는 기독교 기업이었다. 오너가 자기 교회에 십일조로 내는 돈이 수십억이라는 소문이 떠돌았다. 실제로 '우리들'은 툭하면 비상 경영이다 뭐다 해서 직원들 연봉 동결과 협력 업체 대금 체불도 모자라, 아르바이트생들 임금 체불까지도 당연하게 여겼다. '우리들'은 하나님의 영광을 위해 세운 '미션 컴퍼니'를 표방했지만, 사회적으로 기독교를 욕먹이는 데 앞장서고 있었다.

새 직장 '킹핀'도 회사는 회사일 뿐이었다. 볼링에서 열 개의 핀 중에 스트라이크를 치려면 5번 핀인 킹핀을 노려야 한다. 고객을 모두 킹핀처럼 대하라는 곳이나 전 국민을 모두 우리들의 고객으로 만들라는 곳이나 '고객 중심'이라는 포장지로 열심히 오물을 꾸미는 행태는 다를 바 없었다.

하지만 '킹핀'은 솔직했다. 돈 버는 데 노골적이었고, 적어도 종교 같은 걸로 흑심을 숨기려 하지는 않았다. 말 그대로 매출이 인격이었고, 직원들을 인간 취급할지 말지 무조건 결과로 결정했다. 그런 면에서 정직했고 심플했다. 최소한 직원들 월급 갖고 장난치지는 않았으니까.

새 직장에서 만난 상사가 딱 '킹핀'의 철학을 대변하는 사람이었다. 스펙이 상당히 화려했는데, 스스로 얼마나 대단하다고 느끼는지 타인을 하대하는 태도가 몸에 배어 있었다. 나는 그런 태도를 용납할 수 없었다. 리더라면 당연히 모범이 되는 실력과 인품을 동시에 갖춰야 하는 것 아닌가. 하지만 상사는 표독스럽고 교활하게 팀원들을 괴롭혔다. 조금이라도 실수하면 회의 때 공개 석상에서 당사자가 너덜너덜해질 정도로 짓이겨 버렸다. 그 모습을 보며 다른 팀원들은 바들바들 떨었다. 인격 모독을 당한 팀원이 견디다 못해 상사와 퇴사 면담을 하면, 그땐 또 세상 친절한 금자 씨로 변신해 가스라이팅을 일삼았다.

　첫 번째 희생양이 바로 나였다. 자존심이 상해 견딜 수 없는 나날들이 반복되자 자존감마저 무너져 내렸다. '우리들'에서도 날뛰는 별별 인간들을 다 겪으며 사람이 싫어 도망쳤더니, 이제는 날뛰다 못해 날아다니는 인간을 맞닥뜨리다니….

　새 직장은 집에서 왕복 네 시간 거리에 있었다. 전 직장보다 두 배 이상 출퇴근 시간이 늘어 몸도 마음도 고갈되어 갔다. 하지만 내가 관두면 생계를 이어 갈 수 없었다. 그나마 남편이 시부모님 회사에서 일하니 탄력적으로 근무 시간을 조정해 첫째 아이를 돌볼 수 있었다. 역시 공짜는 없는 법이다. 최저 시급도 못 받는 남편이었지만, 적극적으로 육아에 동참하며 나를 많이 배려하려고 애썼다. 고마우면서도 남편이 원망스러웠고, 남편에게 미안하면서도 화가 났다.

2년 후 둘째 아이가 태어났다. 나는 출산 휴가를 다 쓰지도 못하고 겨우 몸을 추스러 출근했다. 늘어난 입을 먹여 살리려면 그 수밖에 없었다. 어쩔 수 없이 남편이 육아 휴직을 했다. 양가 부모님 중 아무도 아이를 봐줄 사람이 없었다. 엄마라도 살아 계셨더라면 아이를 맡아 달라고 했을 텐데…. 아빠는 살아 계셔도 제 한 몸 간수도 못 하는 처지라 전혀 도움이 안 됐다. 아이가 둘이 되니 고통이 두 배가 아닌 제곱으로 엄습했다.

첫째 아이 때 사 놓은 육아용품들이 있어 크게 돈 들어갈 일이 없을 줄 알았는데, 둘째는 성별이 다르다 보니 새로 사야 할 것들이 은근히 많았다. 기저귀도 분유도 기왕이면 좀 더 좋은 걸 찾다 보니 점점 지출이 늘었다. 결국 마이너스 통장을 뚫고 카드 돌려막기로 근근이 버텼다.

보통 시댁 근처에 사는 친구들을 보면 시어머니가 육아를 도와준다던데, 시어머니는 오로지 사업과 교회 두 가지 외에는 관심이 없어 보였다. 맞다, 여행까지…. 관심사가 세 가지였다. 시댁 근처에 살면 육아의 도움이라도 받든지, 시댁 근처 회사에 다니는 남편이 돈이라도 잘 벌든지 하면 좀 나을 텐데, 나는 왜 매일 왕복 네 시간의 출퇴근 전쟁을 치르며 살아야 하는 걸까?

이 와중에, 남편은 자기 명의로 대출해서 시어머니에게 빌려주고 싶단다. 아무래도 시어머니가 부추긴 모양이다. 시부모님 회사가 어렵다는데 며느리가 뭘 어쩌겠는가. 반대하면 나만 나쁜 년 될 것 같아 입을 꾹 다물었다. 진짜 나라는 년은 왜 이러고 사는 걸까?

***

처음으로 이 결혼이 잘못됐다는 생각이 들었다. 그러다 주일날 예배를 드리면서, '하나님이 짝지어 주신 배우자라는 확신으로 결혼했으면서 내가 또 마귀에게 속았구나' 싶어 회개했다. 하지만 다시 평일이 되면 내 신세를 한탄하고 남 탓을 했다. 쳇바퀴에 원망의 공 여섯 개, 회개의 공 한 개가 끊임없이 돌아갔다.

코로나19가 터지면서 사태는 더욱 심각해졌다. 시부모님 회사도 직격탄을 맞았다. '킹핀'이 전면 재택근무를 시행하는 바람에 나는 출퇴근 네 시간을 아낄 수 있었다. 그 덕분에 남편도 다시 회사에 나갔다. 하지만 이번에 남편은 최저 시급도 안 되는 월급조차 받지 못했다. 물론 부모님이 어려울 때 자녀

된 도리를 다하는 것이 성경적으로나 윤리적으로나 옳다. 그런데 이상하게 남편이 미웠다. 시어머니는 더 미웠다. 그 와중에 시어머니는 아이들 옷과 장난감을 사 주시고 가끔 반찬도 해 주시며 미안한 마음을 표현하시는 듯했다.

'어머니, 아이들 옷이며 장난감이며 반찬이며 감사한데요. 그 돈으로 차라리 노예처럼 일하는 우리 남편 월급이라도 한 푼 더 챙겨 주시면 안 될까요?'

목 끝까지 차오르는 말을 꿀꺽 삼키고 또 삼켰다. 남편은 진짜 남의 편이어서 남편인가 보다. 하루는 남편이 나한테 왜 우리 엄마가 아이들 선물 사 준 걸 보면서 한 번도 기뻐하지 않냐며 핀잔을 주는 게 아닌가! 나는 애써 삼켰던 말을 게워 냈다. 명치에서부터 식도를 타고 올라온 불덩이가 활화산처럼 터져 버렸다. 남편은 불멍을 때리듯 할 말을 잃고 나를 바라보았다. 며칠 후 시어머니에게서 카톡이 왔다.

"희진아, 너무너무 미안해. 내가 가식적인 신자라서 아들 월급도 못 주고 너희들 힘들게만 하는 것 같아. 이해해 줘서 고마워."

언젠가 좋아지면 밀린 월급을 준다는 말도, 남편 명의로 대출해 간 돈도 언젠가 갚겠다는 말도 없었다. 하지만 시어머니의 카톡을 보면서 증오와 분노에 사로잡힌 내가 또 나쁜 년이 된 것 같았다. 사업이라는 게 잘될 때도 힘든 법인데, 모두가 어렵다는 코로나 시국에 시어머니는 얼마나 힘들까? 그깟 돈이 뭐라고 믿음이 있는 내가 이토록 흔들렸던 걸까?

나는 또다시 회개의 공을 굴렸다. 주일이 돌아왔고, 나는 미안한 마음에 아무 말 없이 시어머니를 껴안았다.

'그래, 원수도 사랑하라고 했는데, 가족을 미워해서 뭐 하겠는가!'

잠시 마음에 평화가 찾아왔다. 예배를 마치고 교회 재정 관리를 섬기고 있던 남편이 갑자기 내게 헌금 정리를 도와달라고 부탁했다. 함께 장부 정리를 해 왔던 재정부원이 결석했는지 보이지 않았다. 나는 헌금 목록을 회계장부에 옮겨 적었다. 그러다 문득 익숙한 이름이 눈에 들어왔다. 두 눈을 의심했다. 원래 그러면 안 되지만, 나는 회계장부를 앞으로 넘겨 가며 헌금 목록을 쭉 스캔했다. 시어머니가 매달 150만 원씩 헌금한 내역이 고스란히 적혀 있었다. 내가 판도라의 상자를 연 것이었다. 불과 오전까지만 해도 시어머니를 안으며 느꼈던 마음의 평화가 순식간에 와장창 조각나 버렸다.

이 감정의 정체는 뭘까? 맞다, 배신감. '우리들' 오너가 자기 교회에 수십억씩 헌금하면서 정작 아르바이트생 임금은 체불해 왔음이 만천하에 알려졌을 때 느꼈던 그 감정이었다.

'노동청에 신고라도 해야 할까? 당장 진정서라도 쓰면 분노가 좀 진정될 수 있을까? 헌금할 돈, 아이들 장난감 사 주고 여행 갈 돈, 소파를 새 걸로 바꿀 돈은 있었구나. 옷 사고 외식하고 고급 세단 굴릴 돈은 항상 있었는데, 딱 우리 남편한테 줄 월급만 늘 없었구나.'

배신감에 이어 분노가 치솟았다.

'오너라면 회사가 어려울 때 집까지 팔아 가면서 직원들 월급부터 챙겨 줘야 하는 사람이 아닌가? 남편 말에 의하면, 회사가 어려워서 월급도 못 줄 정도라면서 어떻게 남편 빼고 다른 직원들은 월급을 받을까?'

시어머니는 50평 아파트도 그대로, 여행도 그대로, 고급 세단도 그대로, 헌금도 그대로, 생활도 그대로였다. 하루 종일 속이 쓰렸다. 나는 그동안 소진되는 삶을 살아왔는데 정작 시어머니는 잃어버린 게 하나도 없는 듯했다.

'아들한테 오너로서 도리는 안 하더라도 손주들한테 좋은 할머니가 되고 싶은 마음은 포기하지 못한 걸까? 그래서 아들에게 줄 월급으로 손주들에게 생색내 왔던 건가?'

갑자기 남편이 불쌍해 견딜 수 없었다. 어디에서도 그런 대접을 받으며 일할 사람이 절대 아니었다. 남편이 가여워서, 또 그런 남편을 긍휼히 바라보는 내 모습이 처량해서 나도 모르게 눈물이 났다. 분명 밝을 때 울기 시작한 것 같은데 캄캄한 밤이 되도록 눈물이 그치지 않았다.

불현듯 머릿속에서는 "네 부모를 공경하라"라는 십계명 말씀이 꺼도 꺼도 다시 울리는 알람 소리처럼 울려 댔다. 정신분열이라는 게 이런 건가? 나는 손톱을 하나씩 물어뜯기 시작했다. 열 손톱이 모두 반 토막 날 때까지….

***

화병이 날 것 같아 남편에게 말했다.

"오빠, 어차피 돈도 못 버는데 고생하는 것보다는 그냥 집에서
쉬는 게 어때? 일이 하고 싶은 거면 차라리 아르바이트를 해도
되고…. 돈은 내가 벌게. 나는 오빠가 진짜 독립을 했으면 좋겠
어!"

"희진아! 내가 독립이 안 되어 있다고 생각해? 네가 하는 말은
나한테 돈 벌어오라는 이야기로밖에 안 들려. 내가 근무 시간을
유연하게 쓸 수 있는 것도 부모님 회사에 다니니까 가능한 거잖
아! 그런 건 생각 안 해? 그래. 나도 양심이 있지 너한테 왜 안
미안하겠어? 나 부모님을 위해서 일하는 거 아니야. 나도 어떻
게든 내 사업을 해 보려고 그 안에서 발악하고 있다고!"

"그러니까 오빠! 내 말은 이제 그 안에서 벗어나자고! 그게 독립
이라고 말하는 거야! 나는 오빠가 더는 부모님께 이용당하지 않
았으면 좋겠어. 오빠가 대학 나와서 일반 기업에 취직했으면 나
보다 연봉도 높았을 거야. 그런데 부모님 돕느라 오빠만 희생했
잖아. 우리 그냥 부모님 회사 물려받으리라 기대하지 말자. 부
모님이 일군 회사니까 부모님 노후를 위해 쓰시라 하고 우리는
우리대로 살자. 응?"

"그만해! 대학 안 간 건 스스로 선택한 길이지 희생당한 게 아니야. 그리고 내가 총각 때는 사업이 잘돼서 부모님이 나한테 물질적으로 잘해 주셨어. 난 보상받았다고 생각해. 지금 어려워져서 그런 거지. 아무튼 내가 알아서 할 테니까 내 앞에서 두 번 다시 독립 어쩌고 하는 말은 꺼내지도 마!"

결국 또 이렇게 되어 버렸다. 나한테는 가장 중요한 문제이고, 반드시 끝까지 대화로 결론을 내야 하는 문제인데, 남편은 해결 대신 회피를 선택했다.

'어이구, 이 답답아! 네가 결혼 전에 보상받은 게 지금 너랑 같이 사는 나하고 무슨 상관인데? 그 보상이 뭐 집 한 채라도 돼? 예전에 사업이 그렇게 잘됐었다며! 네가 보상받은 것 중에 지금 남아 있는 게 뭔데? 하나도 없잖아! 빚이라도 없으면 다행인데 대출까지 네 명의로 해 줬잖아!'

고구마를 백 개쯤 삼킨 것 같았다.

'엄마가 살아 계셨다면…. 아니다, 엄마한테 이런 이야기해 봤자 엄마 속만 까맣게 타들어 갔겠지. 차라리 다행이네.'

나는 일과 육아 속에서 잠을 줄여 가며 글을 썼다. 그래야만 비로소 하루 종일 턱밑까지 차올랐던 숨을 몰아쉴 수 있었다. 글쓰기는 내 감정의 하수구이자 나에게서 한 발짝 물러나 내 마음을 비춰 주는 거울이었으니까….

***

"아내분은 사회·심리적으로 모든 면에서 발달이 잘되어 있어요. 이런 아내를 만나기란 쉽지 않습니다. 반면에 남편분은 검사 결과가 한쪽으로 많이 치우쳐 있어요. 남편분만 저와 별도로 더 깊은 상담이 필요해 보입니다."

우리 부부는 심리 상담을 받으러 갔다. 우울증으로 내가 점점 이상하게 변해 가는 모습을 보고 남편도 위기를 느낀 것이다. 결혼 전에 우리 부부는 서로에게 좋은 배우자가 되기로 약속했다. 지난 8년 동안 각자 노력을 안 한 것도 아니었는데, 결국 심리 상담까지 받는 신세가 되다니….

상담가가 진단하길 나 혼자 너무나 큰 양보와 일방적인 희생을 해 왔다며, 모든 잘못이 부모에게서 독립하지 못한 남편에게 있다고 했다. 그 말이 내게는 '희진 씨는 정의로운데 주형씨는 정의롭지 못하다'라고 들렸다. 차라리 크리스천이라면서 왜 가족 간에 이해하고 포용하고 사랑하지 못하냐며 비난을 받았으면 오히려 낫지 않았을까….

놀라운 결과에 내 마음이 더 복잡해졌다. 그동안 내가 느낀 감정만큼은 다 옳았다는 거구나 싶어 두 눈에 뜨거움이 가득 차올랐다. 심리 상담 5회를 받으며 우리 부부는 솔직하게 다 터놓고 대화하지 않는 게 가장 큰 문제라는 사실을 깨달았다. 부모님의 갈등을 보며 자라 온 우리는 트라우마 때문에 불편한 상황을 만들지 않으려 계속 문제를 회피했던 것이었다.

남편에 대해서도 오해가 조금씩 풀렸다. 남편은 효심 때문에 부모님 밑에서 일한 게 아니라, 부모님의 사업 기반을 활용해서 자기 사업을 시도하려 했었단다. 분명 남편도 내게 그렇게 말한 적이 있는데, 전문가가 제삼자로 개입하고 나서야 그 말이 곧이곧대로 들리기 시작했다.

내가 가장 서운했던 부분은 남편의 태도였다. 자기 부모님의 대변인처럼 말하는 남편이 남의 편이 아닌 진짜로 내 편이 되어 주길 바랐다. 남편의 본심은 부모님의 편을 들려고 한 것이 아니라, 내게 상황을 설명해 주면 화가 좀 누그러질 수 있지 않을까 싶었단다.

'이 바보, 똥개, 말미잘, 멍게, 해삼아!'

본인에게 문제가 많다는 검사 결과를 듣고 남편은 큰 충격에 빠진 것 같았다. 상담사와 별도로 몇 번의 상담을 추가로 진행하면서, 남편은 낮아질 대로 낮아진 자존감을 회복하는 데 집중했다. 남편은 원래 변화를 두려워하고 새로운 시도를 하는 데 많은 준비와 시간이 필요한 사람이었다. 그런데 웬걸, 상담사가 처방한 퇴사에 대해 즉각 반응했다. 결혼하고 처음 보는 모습이었다.

상담 15회 만에 남편은 15년 동안 끌려다닌 회사에서 스스로 벗어났다. 드디어 퇴사를 했다. 기적이었다. 자기 객관화가 시작되자 남편은 생애 처음으로 부모님과 전혀 관련 없는 일을 찾기 시작했다.

"희진아, 그동안 진짜 고생 많았지? 너무 미안해. 나도 우리 가정을 위하는 마음이 항상 1순위라는 걸 알아줬으면 좋겠어. 그동안 희진이가 우리 먹여 살리느라 희생했으니까, 이제는 내가 돈 벌게. 희진이는 쉬면서 진짜 하고 싶은 거 자유롭게 했으면 좋겠어."

파국으로 치달았던 우리 가정에 희망의 서광이 내려앉았다. 남편이 전적으로 내 편이 되었다는 사실에 겨우내 얼어붙었던 마음이 봄처럼 사르르 녹았다. 나는 삶의 변곡점을 맞이

했다. 12년에 가까운 회사 생활을 벗어나 프리랜서가 되었다. 말이 좋아 프리랜서지 사실상 백수다. 남편은 한석봉 어머니도 아니면서 "당신은 좋아하는 글을 써. 나는 돈을 벌 테니"라며 나의 퇴사를 종용했다. 남편도 아직 사업 준비 단계라 우리는 둘 다 백수나 다름없었다. 하지만 나는 그토록 꿈꾸던 전업 작가 비스름한 삶을 1년간 누려 보기로 했다.

우리는 종신 보험까지 모두 해약하고 지출을 최소화했다. 그리고 퇴직금과 모아 둔 돈을 긁어모아 1년 치 예산을 확보할 수 있었다. 남들은 미쳤다고 난리였지만, 우리가 행복하게 살아 보겠다는데 뭐 어쩔 것인가.

***

"왕초보도 6주 후면 자신감 있게 A4 한 페이지 분량의 글을 쓸 수 있습니다!"

나는 교회에서 재능 기부로 글쓰기 모임을 열었다. 두 아이가 삐악삐악 크고 있어 1년 안에 새로운 돈벌이를 찾는 게 우선이었다. 하지만 내가 회복되도록 도우신 하나님의 은혜를 묵상하다 문득 나도 누군가의 회복을 돕고 싶다는 마음이 돋

아났다. 교회 온라인 게시판에 '마음이 열리는 글쓰기' 모집 글을 올렸다. 청년 한 명과 집사 한 명이 참가 신청을 했다. 그런데 모집 마감을 불과 몇 시간 앞두고 전혀 예상하지 못한 신청자들이 나타났다. 시어머니를 포함한 권사 두 명이 추가된 것이었다.

'오, 하나님 아버지! 시어머니라고요?'

가벼운 마음으로 은사를 나누려 했는데, 무거운 마음으로 고민을 떠안게 되었다. 가족끼리는 운전 연수도 하는 거 아니랬는데, 글쓰기 연수를 하는 시어머니와 며느리의 조합이라니…. 남편과 관계가 회복되기 전까지 한동안 나는 매주 교회에서 시어머니와 마주치면 마음이 눌렸다. '교회를 옮길까, 그러려면 멀리 이사를 해야 할까' 별별 생각을 다 했다. 하나님의 은혜로 시어머니를 용서하겠다고 수없이 다짐했건만, 아직도 나는 시어머니에 대한 감정이 완전히 정리되지 않은 상태였다.

하지만 시어머니는 그 어느 때보다 글쓰기에 진심이었다. 글쓰기를 위해 안경도 새로 맞추시고 새벽같이 일어나 독서를 시작하셨다는 사실을 시동생의 제보로 알게 되었다. 갑자기 처음 글쓰기를 배웠을 때 열정 덩어리였던 내 모습이 떠올랐다. 8년 전 교회에서 글쓰기 모임에 참여했던 당시, 나는 엄마의 부재가 현재 나의 실재와 어떻게 연결되는지 글로 써 내려갔다. '딸내미 하나 보고 살아온 엄마의 자랑스러운 딸내미 하나'가 되는 것이 유일한 목표인 양 살아온 내 모습이 파노라마처럼 펼쳐졌다. 그러고 보니 나는 나로 살아 본 적이 없었다. 엄마의 죽음은 '이별'과 '끝'이 아니라 나 자신과의 '만남'과 '시작'이었다. 나는 나로 살기 위해 꾸준히 글을 쓰며 생각을 정리했다. 그렇게 나는 삶의 소용돌이에서 차차 빠져나올 수 있었다.

그때를 돌아보며 글쓰기의 의미는 나 자신을 직면하는 것이라는 사실을 상기했다. 하나님이 분명 내게 글쓰기 모임을 열라는 마음을 주셨듯이, 이 모임에 시어머니를 보내신 이유가 있을 거라는 생각이 들었다. 나는 네 명의 성도들과 함께 8년 전과 동일하게 교회에 모여 주 1회씩 6주 동안 두세 시간 글쓰기 모임을 가졌다. 각자 글을 통해 낯선 자신을 마주했다. 문장은 서툴지만, 행간에 담긴 진심을 읽으며 나도 한땀 한땀 첨삭하는 손길에 진심을 담았다. 시어머니는 귀가 후에도 성실히 복습하는 모범생이었고 매주 놀랍게 발전하는 글을 써 나갔다.

나는 글을 통해 시어머니의 새로운 면을 알게 되었다. 감수성이 예민한 시어머니는 학벌에 대한 열등감이 심했고 다양한 관계에서 상처가 많았다. 철의 여인이라 생각했던 시어머니가 쓴 글 속에서 가련한 소녀가 울고 있었다.

"하버드생들이 4년 동안 배운다는 오레오 글쓰기인데요. 이제부터 여러분은 하버드생이 되는 겁니다. 오레오(OREO)란 'Opinion-Reason-Example-Opinion'의 앞 글자를 딴 것으로 '의견-근거-예시-의견'으로 구성하는 글쓰기를 말해요."

시어머니를 어떻게 도우면 좋을까 여러 가지로 고민하다 묘안을 하나 발견했다. 모임 첫 시간에 하버드 글쓰기 방법을 소개했는데, 시어머니의 반짝이는 눈빛에서 결연한 의지가 느껴졌다. 처음에는 네 문장짜리 짧은 글쓰기도 힘들어하던 시어머니가 A4 한 장짜리 서평을 써 내는가 하면, 6주가 지나자 A4 두 장짜리 에세이까지 훌륭하게 완주해 냈다.

시어머니의 글에는 손녀, 당신, 막내딸과 친정어머니가 순서대로 등장했다. 사실 시어머니는 여섯 살짜리 손녀의 안부 전화에 감동의 눈물을 흘리는 외로운 사람이었다. 또한 시어머니는 당신의 억척스러움을 반성하며 신앙 안에서 성숙을 갈망하는 구도자이기도 했다. 시어머니는 가장 아픈 손가락인 막내딸을 가장 아끼는 엄마이자 친정어머니를 가장 살뜰히 챙기는, 당신 역시 영락없는 막내딸이었다. 다양한 감정이 응축

된 글은 다시 생생한 감정의 이야기가 되었다.

***

글쓰기를 마치고 마음이 활짝 열린 시어머니는 함께 귀가하는 차 안에서 글에 다 담아내지 못한 마음을 들려주셨다. 당신이 얼마나 힘겹게 삶을 버텨 냈는지, 왜 그렇게 독하게 돈을 벌 수밖에 없었는지, 관계에서 말로 상처 준 것을 얼마나 후회하고 있는지 봇물 터지듯 쏟아져 나오는 이야기에 나는 흠뻑 젖어 들었다. 같은 여자로서 그 끝을 알 수 없는 한이 느껴져서 서글펐다. 특히 그 누구보다 이해하고 싶은 남편을 이해하지 못해 괴로워하는 시어머니를 보며 엄마가 떠올랐다. 엄마도 나한테 털어놓고 싶은 이야기가 한도 끝도 없었을 텐데…. 시어머니가 엄마와 겹쳐 보였다.

'만일 엄마가 글을 썼다면 어떤 글을 썼을까?'

내가 많이 편해진 탓일까? 하루는 시어머니가 성도 한 명이 도저히 이해되지 않는다며 험담을 했다. 왜 자꾸 시답잖은 농담을 하는지, 왜 배려심 없이 말을 그렇게 하는지, 왜 한 번도

밥을 사는 적이 없는지 열변을 토해 냈다. 주변 사람들에게 존경받았던 엄마도 집에서는 하루 종일 전화기를 붙들고 뒤에서 남 말하는 게 일상이었는데…. 나도 모르게 엄마에게 말하듯 시어머니에게 설교했다.

"어머니는 어떨 때 가장 기쁘세요? 저는 아이들이 사이좋게 지내면 그렇게 좋더라고요. 반대로 아이들이 싸우면 그렇게 마음이 아프더라고요. 하나님도 그러시지 않을까요? 이런 사람도 저런 사람도 다 하나님의 자녀이고 다 하나님의 나라를 위해 필요하기에 생명을 주신 거잖아요. 하나님은 서로 돕고 사랑하라고 우리를 완벽하지 않게 만드셨다고 생각해요. 틀린 게 아니라 다른 건데 내 기준에 맞지 않는다고 그 사람을 미워하면 하나님 마음이 어떻겠어요?"

말해 놓고 깜짝 놀랐다. 처음 있는 일이었다. 그 순간 나를 며느리라고 생각했다면 기분 나쁠 수도 있었을 텐데, 다행히 시어머니는 나를 글 선생으로 대해 줬다. 중요한 걸 깨닫게 해 줘서 고맙다고 했다. 글쓰기를 하면서 서로 가까워진 덕분이었을까? 나도 시어머니에게 하고 싶은 말을 할 수 있다니 신기했다.

"그동안 내 말을 들어 줄 사람이 없어서 답답했어. 글로 쓰니까 말할 때보다 훨씬 더 깊게 생각하게 되고, 감정도 조금씩 다스려지니까 너무 좋아. 무엇보다 글을 쓰면서 나를 먼저 돌아보게 되는 것 같아. 반성하고 회개할 수밖에 없어지네. 우리 며느리, 너무너무 고맙고 사랑해."

마지막 모임을 마친 후 시어머니에게서 메시지가 왔다. 시어머니는 글쓰기라는 당신만의 공간이 생긴 기쁨을 이렇게 표현하신 게 아닐까. 당신의 글을 읽으며 가슴 벅차하는 시어머니를 보면서 마치 하버드 졸업장이라도 안겨 드린 것처럼 뿌듯했다.

사실 시어머니에게 했던 설교는 그 누구보다 나 자신에게 적용해야 하는 말이었다. 그동안 나는 온갖 정의로운 척은 혼자 다 하며 이해할 수 없는 사람들을 내 이해의 틀 안에 구겨 넣으려고 애썼다. 또 시어머니 앞에서 세상 착한 며느리인 척은 다 했지만, 정작 속으로는 얼마나 시어머니를 증오했던가!

나야말로 가식적인 신자였다. 엄마의 죽음에서 해방감을 느끼며 흘렸던 눈물을, 엄마의 사망 보험금을 타던 순간 입가에 번졌던 세미한 미소를, 무능한 아빠를 업신여기고 남편의 자존심을 짓밟음으로써 살짝 올라갔던 내 어깨를, 다른 이는 몰랐지만 하나님은 다 보고 계셨다. 시어머니를 정의롭지 못한 가해자로 만들어 나 자신을 정의로운 피해자로 포장하려는 시도까지도….

이학기

과거에는 세상에서 가장 비효율적인 행위가 독서라고 생각했던 사람. 지금은 책 사는 데 돈을 가장 많이 쓰면서 평생 글 쓰는 사람으로 살아가려는 인간. 책을 통해 사람을 읽고, 글을 통해 사람을 쓰며, 말을 통해 사람을 듣고픈 몽상가.

단편 소설

가작

문밖에 범이 없나요?

신상현

***

응급실, 밤 열 시, 또다시 비상사태다. 가까운 곳에서 교통사고가 발생했고, 환자를 이송 중이라는 연락이 왔다. 응급의학과 의사 성지는 구급차 소리를 듣고 응급실 밖으로 뛰어나왔다. 응급환자가 네 명이나 되었다. 성지를 비롯한 의료진이 달라붙었다. 의식이 있는 사람은 교복을 입고 있는 여고생 하나뿐이었다. 동료 의사가 살폈다. 성지가 첫 번째 환자를 확인했다. 이미 숨이 없었다. 두 번째 환자 또한 심장이 반응하지 않았다. 그때 정신을 차린 여고생이 엄마 아빠를 부르며 오열했다. 오열하는 세 번째 환자 여고생은 겉으로 보기에 가벼운 타박상이 전부였다. 그렇게 삶과 죽음이 서로 선을 그었다.

성지는 네 번째 환자를 확인했다. 두 다리가 피투성이인데 왼쪽 다리는 아예 뭉개져 있고 머리에서도 피가 흘렀다. 아직 살아 있었지만 혼절한 상태였다. 흐르는 피에 술 냄새가 흥건했다. 성지와 간호사 둘이 달라붙어 응급 처치에 들어갔다. 문제는 왼쪽 다리였다. 도저히 불가능해 보였다.

얼마 후 경찰이 다가와 음주 상태를 확인해 달라고 했다. 냄새만으로도 음주 운전 사고를 낸 것 같았다. 경찰이 가능성이 있겠냐고 물었다. 성지가 최선을 다하겠다고 말하자 경찰은 의외의 말을 했다. 아마도 정신이 들면 살고 싶지 않을 거라고 했다. 성지가 무슨 뜻이냐고 묻자, 경찰은 오열하는 여고생을 쳐다봤다. 네 번째 환자가 사고를 냈고 여고생의 부모가 죽은 모양이었다. 성지가 말했다.

"이곳은 응급실이고, 생명을 살려 내는 것이 제 일입니다."

그때 여고생이 성지에게 다가왔다. 마네킹처럼 표정 없는 얼굴에는 뜨거운 눈물방울이 붙어 있었다. 여고생이 말했다.

"이 사람! 절대 죽으면 안 돼요."

핏발이 서려 있는 여고생의 눈에서 빨간 눈물이 흘러나왔다.

"꼭 살아서 이 지옥 같은 상황을 인지해야만 해요. 그러니까 팔다리를 다 잘라 내더라도 정신만은 똑바로 살려 내야 해요."

"나는 사고 경위와 상관없이 생명을 살리는 일에 최선을 다할 뿐이야."

"만약 죽으면 이 사람 대신 의사 선생님을 증오할 거예요."

성지는 고개를 저으며 의사로서 주어진 사명을 다할 뿐이라고 했다. 그 이후 시간이 촉박하게 흘렀다. 한참 후에 성지는 겨우 고개를 뒤로 젖히며 기지개를 켰다. 네 번째 환자는 서른한 살의 남자로, 이름은 경수였다. 그때 60대 부부가 찾아와 '경수 부모'라고 했다. 아들의 상태를 확인한 부부는 주저앉았다. 성지는 부부가 안정을 찾을 때까지 기다렸다가 환자의 상태를 설명했다.

설명이 끝나자, 거세게 흔들리던 두 부부의 눈동자는 눈꺼풀 속으로 들어가더니 대신 눈물을 내보냈다. 그때 외과 전문의가 응급실로 들어섰다. 이름표에 '과장'이라고 쓰여 있었다. 성지는 그 과장에게 환자의 상태를 세세하게 설명했다. 과장은 환자의 상태를 직접 확인하고는 성지에게 수고했다고 격려했다. 그러고는 환자의 상태에 관해 보호자에게 다시 설명했다. 보호자의 확인과 수술 승낙이 필요했던 거다. 보호자의 사인이 끝나자, 경수는 곧바로 수술실로 옮겨졌다.

사흘 후 성지는 경수가 무사히 고비를 넘기고 깨어났다는 연락을 받았다. 성지는 감사하며 기뻐했다. 이런 순간이 가장 보람 있었다. 그러나 오후에 경수 환자가 괴성을 지르며 치료를 거부한다는 소식을 들었다. 퇴근 후 교회를 찾은 성지는 경수를 위해 기도했다. 또 경수 환자의 생명을 구한 것이 잘못한 일이 아니게 해 달라고 기도했다.

이튿날 성지가 출근했을 때, 경수가 찾는다고 했다. 성지는 경수가 있는 입원실로 갔다. 눈을 감고 누워 있던 경수는 성지가 나타나자 두 눈을 번쩍 떴다. 경수가 아주 거칠면서도 못마땅한 목소리로 물었다.

"당신이 나를 살려 낸 의사인가요?"

경수의 어투는 부정적이었으나 성지가 상상한 것과는 달리 침착해 보였다. 성지는 과장 선생님이 수술을 잘한 거라고 말했다. 그러자 경수는 피식 웃더니 의사 둘이 서로 공을 떠넘기는 거냐고 물었다. 성지가 불편한 눈빛으로 바라보자, 경수는 과장 선생님이 했다는 말을 그대로 옮겼다.

"과장이 그러더군요. 자기는 내 다리를 잘랐을 뿐이라고. 벌레의 다리를 잘라 낸 것처럼 아무렇지도 않게 말이요."

성지가 다리 대신 목숨을 구한 거라고 말하자, 경수는 또다시 비웃듯 피식거리며 말했다.

"어쨌든 감사는 당신에게 하라고 하더군요."

경수의 말투는 물론, 그 표정도 아주 싸늘했다. 성지는 잠시 머뭇거리다가 응급의학과 의사로서 생명을 살리는 일에 최선을 다한 것뿐이라고 했다. 그러자 경수가 갑자기 온몸을 부들부들 떨며 말했다.

"최선? 정말 최선을 다한 거라면, 나를 죽었어야지!"

경수의 눈빛에는 살기가 가득했다. 성지는 환자의 생명을 구하는 것이 의사의 사명이라고 말했다. 그러자 경수가 그까짓 사명 따위가 자기를 지옥으로 보냈다고 소리쳤다. 의사가 아니라 지옥의 사자일 뿐이라고 말했다.

"허!"

성지는 자신도 모르게 탄식을 내뱉었다. 대꾸할 말이 없었다. 성지는 입원실을 나오려다가 돌아서서 경수에게 말했다.

"언젠가는 살아 있다는 것을 감사하게 될 거예요."

"그럼! 감사하고말고! 이렇게 지옥 속에 주저앉혀서 감사하지. 흐흐."

경수가 실성한 것처럼 계속해서 '흐흐' 웃어 댔다. 그때 경수 어머니가 들어왔고, 성지는 입원실에서 나왔다. 성지는 경수가 처한 상황을 생각했다. 어느 날 깊은 잠에서 깨어나 보니 다리 하나가 잘려 나가고 없었다. 게다가 경찰이 찾아와서는 어떤 부부 두 사람을 죽였다고 통보했다. 음주 운전 교통사고 가해자, 사망 인사 사고 가해자, 피의자, 살인자. 이것이 경수의 현재 상황이었다.

그런 경수에게 죽은 부부의 딸이 찾아와 저주를 퍼부었다. 죽지 말고 끝까지 살아 보라고 했다. 경수 처지에서는 끔찍하고 절망적이어서 살아 있는 것이 분명 지옥일 것 같았다. 도대체 희망의 빛이라고는 새어 들어올 어떤 틈도 보이지 않을 것 같았다. 성지는 자기가 잘한 일이라고 스스로 다짐하면서도 한편으로는 의심이 들었다. 과연 무엇이 그를 구원할 수 있을지, 아버지는 뭐라고 하실지 궁금했다.

***

성지는 교회로 갔다. 아버지는 교회 목사였다. 아버지가 십자가 앞에서 무릎을 꿇고 앉아 기도하고 있었다. 성지는 한동안 아버지의 모습을 물끄러미 바라봤다. 경수에 관해 묻지 않아도 아버지의 대답을 알 것 같았다. 구원할 수 있는 것은 기도뿐이라는, 너무 뻔하고 당연한 대답일 것 같았다. 성지는 아버지의 대답을 알면서도 아버지 옆에 무릎을 꿇고 앉았다. 좀 더 현실적이고 명확한 대답을 기대했다. 잠시 후 기도를 끝낸 아버지가 고개를 돌려 성지를 바라보며 물었다.

"그때의 표정을 하고 있구나. 뭔가 할 말이 있는 거지?"

성지는 그때의 표정이라는 말에 잠시 당황했다. 하지만 그때의 상황을 떠올리고 싶지는 않았다. 성지는 경수 환자에 관해 이야기했다. 성지의 말이 모두 끝나자, 아버지는 의외의 질문을 했다. 그 여고생의 이름이 뭐냐고 물었다. 그러고 보니 성지는 여고생에 대해서는 아는 게 없었다. 여고생은 담당 의사가 따로 있었는데, 입원하고 다음 날 바로 퇴원해서는 부모의 장례를 치렀다고 들었을 뿐이었다. 이름조차 가물가물했다. 모르겠다고 하자 아버지가 언성을 높여 물었다.

"너는 꼭 칼을 들어야만 사명감을 느끼는 거니?"

성지는 아버지의 질문이 무엇을 의미하는지 알 수 없었다. 아버지가 질책하는 눈빛으로 다시 물었다.

"그래, 그 여고생이 너에게 감사하다고 하든?"

성지는 아버지가 무슨 말을 하는지 이해할 수 없었다. 성지가 말없이 아버지를 바라보자, 아버지는 다시 말했다.

"네가 경수라는 사람을 살려 냈으니, 그 여고생은 당연히 너에게 감사해야겠지?"

성지는 그러지 않았다고 대답했다. 성지는 여전히 아버지가 무슨 말을 하려는지 감을 잡지 못했다. 단순한 논리로 생각해 본다면 감사할 일이 맞을 수도 있다고 생각했다. 하지만 증오할 상대가 살아났다고 해서 감사할 사람이 있을까? 아버지가 왜 그랬겠냐고 물었다. 성지는 갑자기 머리가 띵했다. 경수에 대해서만 생각하다 보니 죽은 부부의 딸, 여고생에 대해서는 한 번도 생각해 보지 않았다. 성지가 모르겠다고 말하자, 아버지는 여고생이 정말 경수라는 사람을 증오하고 싶겠냐고 다시 물었다.

"당연히⋯⋯."

성지는 뭔가 뜨끔해서 말끝을 흐렸다. 아버지가 갑자기 성
지의 어깨를 움켜잡았다. 성지는 아버지의 갑작스러운 행동에
당황했다. 아버지의 손에 힘이 들어가 있었다. 성지는 움찔했
다. 아버지가 책망하듯 목소리에 힘을 주어 물었다.

"증오하는 것이 당연하다는 거야?"

순간 성지의 머릿속에 누나의 죽음이 떠올랐다. 성지의 어
깨가 축 처졌다. 그러자 아버지가 어깨에서 손을 내리고는 물
었다.

"이 아버지가 단순히 기도만 하는 사기꾼 목사니? 또 너는, 단
순히 병든 몸만 치료하는 돌팔이 의사니?"

아버지는 그렇게 질문을 남겨 놓고 자리에서 일어나 어디
론가 가 버렸다. 성지는 한동안 더 앉아 있었다. 그제야 답을
얻었다. 성지가 응급실로 처음 출근하던 날, 아버지는 성지에

게 불안과 의심을 치료하는 의사가 되어 보라고 했었다. 불안과 의심은 당연히 마음에서 비롯되는 것이다. 경수는 물론 여고생도 불안과 의심으로부터 치료가 필요하다는 것을 깨달았다. 경수와 여고생 사이에는 용서라는 강물이 놓여 있었던 것이다. 어쩌면 가장 건너기 어려운 강! 하지만 서로가 그 강을 건너야만 했다. 그래야 두 사람 모두 살 수 있을 것 같았다.

　이튿날 성지는 병원 기록에서 여고생의 이름과 연락처를 알아냈다. 이름은 채비였다. 처음에는 싫다고 했지만, 결국 만나기로 약속했다. 야간 근무를 끝내고 이른 아침에 채비 집으로 갔다. 채비는 집 밖으로 나오고 싶지 않다고 했다. 초인종을 누르자 채비가 문을 열었고 집 안에는 채비와 채비 동생으로 보이는 남학생이 있었다. 남학생은 힐끗 성지를 보고는 방으로 들어가 버렸다. 성지와 채비는 소파에 나란히 앉았다. 맞은편 벽면에 남매의 아버지와 어머니의 영정 사진이 걸려 있었다. 영정 사진 옆에는 네 식구의 단란한 가족사진도 걸려 있었다. 성지는 가족사진을 바라보며 채비 남매의 심경을 헤아렸다. 네 식구 중에서 두 식구가 어느 날 갑자기 사라졌다. 그것도 커다란 앞산과 뒷산 같은 커다란 존재가…. 성지는 자기 부모님 집에 걸려 있는 가족사진을 떠올렸다. 사진 속에는 네 식구가 있지만, 세상에는 세 식구밖에 없다. 누나는 이 세상에 없다. 성지는 자신이 느꼈던 상실보다 두 남매의 상실이 훨씬 더 깊다고 미루어 짐작했다. 인사를 건네듯 물었다.

"왜 집 밖에 나오지 않니?"

채비는 성지를 빤히 바라보다가 물었다.

"문밖에 범이 없나요?"
"범! 갑자기 범이 왜 있어?"
"꿈속에 자꾸 범이 나타나요. 나타나서 내 동생을 물어 가는 거예요."

성지는 잠시 뭔가를 생각하다가 물었다.

"설마, 동생을 지키느라 집에만 있는 거니?"
"나 혼자서는 살 수가 없으니까요."
"혹시 다른 식구는 없니?"
"할머니께서 오실 거예요. 제가 성인이 될 때까지 함께 살기로 했어요."
"그래, 다행이구나."
"그런데 그 사람은 이런 꿈을 꾸지 않겠지요? 지가 범이니까."

순간 성지는 말문이 막혔다. 어떤 말을 꺼내야 할지 막막했다. 그때 가족사진 밑에 있는 성경책이 눈에 들어왔다. 누가 교회에 다니느냐고 묻자 온 가족이 함께 다녔다고 했다. 고개를 끄덕이다가 조심스럽게 물었다.

"경수라는 사람이 살아난 건 알고 있나 보구나?"

채비가 고개를 끄덕였다.

"그래, 내 처지에선 최선을 다한 거야."
"그 이야기 들려주려고 오신 거예요?"
"그런데 그 사람이 치료를 거부하고 있어."

채비는 잠시 멈칫했으나 곧바로 이렇게 대꾸했다.

"왜요? 벌써 살고 싶지 않은가 보죠?"

채비의 생각과 표정은 응급실에서 보았던 그날과 크게 다르지 않았다. 그러나 그 눈빛이 그날처럼 붉은빛은 아니었다. 또한 그 사람을 증오할 수 있게 되어 정말 좋다는 표정도 아니었다. 어떤 의욕도 없이 그냥 허물어질 것만 같았다. 성지가 말했다.

"어쩌면 그 사람은 너보다 더 지독한 악몽을 꿀지도 몰라."
"당연히 그래야죠. 범의 무리가 득실거려야죠."

채비는 부모의 장례를 치르고 나서 경수를 찾아갔었다. 다짜고짜 사고 경위를 기억하냐고 물었다. 경수가 대답하지 않자, 그날의 사고 경위를 자세하게 이야기했다. 그날이 자기 생일이었다는 이야기부터 시작해서, 병원에서 엄마 아빠의 죽음을 확인한 순간까지. 그러고는 평생 꼭 기억하라고 했다. 경수는 단 한마디의 대꾸도 하지 않고 채비의 말을 듣기만 했었다.

성지는 사실 '용서'라는 단어를 꺼내 놓고 싶어 채비를 찾아왔다. 채비가 용서해야만 채비도 경수도 살 수 있을 것 같았다. 하지만 용서라는 말을 어떻게 꺼내야 할지 난감했다. 성지는 고민하다가 자신이 왜 응급의학과 의사가 되었는지를 이야기했다.

성지가 고등학교 1학년 때의 일이었다. 누나가 택시를 탔는데 교통사고가 났다. 가족이 응급실에 도착했을 때, 누나와 택시 기사 둘 다 의식이 없었다. 경찰이 사고 경위를 이야기했다. 택시 기사가 과속하다가 사고를 냈다고 했다. 응급실에 있는 의료진은 우왕좌왕했다. 게다가 당장 수술을 해야 하는데 전문의가 뒤늦게 도착했다. 누나와 택시 기사가 동시에 수술실로 들어갔다. 누나는 수술실에 들어가자마자 죽었고, 택시 기사의 수술은 계속되었다. 성지는 택시 기사가 죽어 버리기를 바랐다. 그런데 아버지는 택시 기사를 살려 달라고 기도했다. 성지는 아버지를 이해할 수 없었다. 그렇다고 아버지를 원망할 수도 없었다. 아버지는 목사였으니까. 목사는 원수를 위해서도 기도해야 한다는 것을 성지는 잘 알고 있었던 거다. 그러니까 아버지를 이해할 수도, 그렇다고 원망할 수도 없는 상황이었다.

택시 기사를 위한 아버지의 기도는 계속됐다. 성지는 그 상황이 이해는 됐으나, 그런 아버지의 모습과 행동을 받아들일 수는 없었다. 아버지와 반대로 택시 기사가 죽게 해 달라고 기도했다. 결국, 택시 기사도 죽었다. 그런데 마음이 좋지 않았다. 아버지도 마음이 좋지 않다고 했다. 둘 다 마음이 좋지 않았다. 누나가 어느 날 갑자기 사라져도 삶은 계속되었다. 그러다가 어느 날 성지는 자신의 마음과 아버지의 마음이 서로 다르다는 것을 알 수 있었다. 아버지는 택시 기사를 용서했지만, 성지는 끝내 용서할 수 없었다. 그때 성지는 응급의학과 의사가 되기로 했다. 누나가 왠지 응급실의 허술한 대처 능력 때문에 죽은 것만 같아서였다.

그 이야기를 듣고 있던 채비가 성지를 빤히 쳐다봤다. 설마

자기 보고 용서하라는 거냐고 묻는 눈빛이었다. 누나가 죽었을 때 성지가 아버지를 바라보던 그 눈빛이었다. 성지는 순간 명치가 아팠다. 눈을 감고 가슴을 진정시켰다. 그러고는 마치 자신이 고백이라도 하듯 떨리는 목소리로 말했다. 자기 자신에게 하는 말이기도 했다.

"용서해야 해."

채비는 곧바로 왜냐고 반문했다.

"용서요? 굳이 제가 왜 용서해요?"
"그래야 채비 네가 살 수 있어. 그리고 용서해야 누군가를 위해 기도할 수도 있을 거야."
"설마 그 인간을 위해 기도하라는 거예요?"
"아니, 네 부모님을 위해서….."

채비가 성지를 빤히 쳐다봤다. 성지는 다시 고백하듯 말했다.

"증오와 복수의 마음으로는 부모님을 위해 기도할 수 없으니까….."

"아니요. 저는 아파도 괜찮아요. 그 사람이 지옥에서만 산다 면…."

채비가 눈물을 흘렸다. 성지가 또다시 고백하듯 말했다.

"지금 너도 그 사람 못지않게 지옥 같잖아?"

채비는 울먹이며 아니라고 했다. 그때 남동생이 밖으로 나와 성지에게 그만 가라고 했다. 누나를 울리지 말라고 했다. 성지는 한마디 더 하려다가 남매를 더 자극하면 안 되겠다고 생각했다. 용서라는 말을 꺼냈으니 됐다고 생각했다. 밖으로 나와 하늘을 올려다보니, 하늘이 잔뜩 찌푸리고 있었다.

성지는 누나를 찾아갔다. 누나가 자신을 반갑게 바라보는 듯했다. 누나는 항상 웃는 얼굴로 자신을 바라봤다고 생각했다. 죽은 사람은 표정의 변화가 없으니, 웃는 얼굴이 더 쓸쓸하게 느껴졌다. 다음에 올 때는 다른 사진을 가져와야겠다고 생각했다. 그리고 이렇게 고백했다.

"누나! 내가 있잖아. 오늘에서야 그 사람을 용서했어. 나 정말 형편없지?"

사진 속 누나는 계속 웃고 있었다. 성지는 봉안실을 나서면서 다시 하늘을 올려다보았다. 투명한 햇살이 구름 사이를 뚫고 내려왔다. 세상이 점점 밝아 왔다.

***

성지는 날마다 경수를 찾아갔다. 경수는 거의 매번 잠을 자고 있었다. 깨어 있으면 소리를 지르며 치료를 거부했다. 담당 의사는 어쩔 수 없이 거의 날마다 진정제를 주사했다. 어쩌다 눈을 뜨고 있으면 창밖의 허공을 멍하니 응시하고 있을 뿐이었다. 경수는 여전히 성지를 증오했다. 경수에게는 스스로 자신을 구원할 의지가 없었다. 경수 어머니가 곁을 지켰지만, 경수는 어머니와 눈을 맞추지 않았다.

어느 날 성지가 경수를 찾아갔다가 밖으로 나오자, 경수 어머니가 바로 따라 나왔다. 창백한 얼굴로 성지에게 말했다.

"처음에는 목숨만 살려 달라고 빌었지만, 지금은 잘 모르겠어요."

"무슨 일 있으세요?"

"자식이 저러고 있는데….."

"왜 그런 생각을 하세요?"

"이 상황에 저 몸뚱이로 어떻게 세상을 살아갈지 걱정이에요. 또 처벌과 죗값은 다 어찌해야 하나 걱정이고요."

성지가 고개를 저으며 물었다.

"빌었다고 하셨죠? 누구에게 빌었죠?"

경수 어머니는 난처한 듯 쭈뼛거리다가 말했다.

"모르겠어요. 누굴 믿어 본 적이 없어서, 그냥 누구에게든 빌었어요."

"그렇군요. 그런데 아드님이 꼭 잃어버린 다리 때문에 가장 힘들 것 같으신가요?"

"그게 무슨 뜻이죠?"

"목숨만 살려 달라고 빌었다고 하셨잖아요. 그런데 그 목숨이라는 것이 몸뚱이만을 말하는 것인가요?"

경수 어머니가 고개를 갸웃하며 말했다.

"모르겠어요."

"아무리 훌륭한 의사라도 절대 살릴 수 없는 게 있어요."

"그게 뭔가요?"

"마음이에요. 우리가 영혼이라고 말하는 거요. 그건 스스로 고쳐야 해요."

경수 어머니는 그제야 자기 아들이 왜 힘들어하는지 알 것 같다고 했다. 그러고는 물었다.

"그럼, 어찌해야 하죠?"

"용서를 빌어야죠. 돌아가신 두 분에게 용서를 빌고 기도해야 합니다."

경수 어머니는 고개를 끄덕이며 뭔가를 곰곰이 생각하더니 얼굴을 찡그렸다. 유감스럽지만 부부는 이미 죽었으니 용서받기는 영 틀렸다며 실망한 눈치였다. 성지는 죽은 부부가 교회에 다녔으니 교회에 가서 기도해 보라고 했다. 경수 어머니는 고개를 내저었다. 아주 어렸을 때 성탄절 말고는 지금까지 단 한 번도 교회에 다녀 본 적이 없다고 했다. 성지는 아버지가 있는 교회를 알려 줬다.

경수 어머니는 곧바로 교회로 갔다. 성지의 연락을 받은 박 목사가 기다리고 있었다. 경수 어머니는 다짜고짜 아들 이야기를 털어놓았다. 거짓도 없고 숨기는 것도 없었다. 박 목사는 고개를 끄덕이며 이야기를 모두 들어 줬다. 경수 어머니는 끝내 눈물을 흘리며 박 목사에게 매달렸다. 자기 아들 좀 살려 달라고 했다. 박 목사가 믿고 기도하라고 하니, 경수 어머니는 곤란한 표정으로 말했다.

"저는 기도하는 방법을 몰라요."
"그렇지 않아요. 어머니는 누구보다 기도하는 방법을 잘 알고 있어요. 이미 기도를 시작하셨잖아요."

경수 어머니는 깜짝 놀라 되물었다.

"제가 기도를 시작했다고요?"
"네. 제게 솔직하게 고백하셨잖아요. 또 아들을 위해 눈물을 흘리셨고요."

박 목사는 그렇게 기도하면 된다고 말해 주었다. 그러자 경수 어머니는 박 목사의 기도 방법을 알고 싶다고 했다. 그게 더 확실한 기도일 거라고 했다. 박 목사는 빙그레 웃으며 함께 기도하자고 했다. 박 목사는 경수와 경수의 부모, 죽은 부부, 그리고 채비 남매를 위해 기도했다. 그 시간 이후 경수 어머니는 날마다 교회를 찾아와 같은 시간에 기도했다. 박 목사가 큰 소리로 기도했으므로 똑같이 큰소리로 기도했다. 박 목사가 기도했던 그 모습과 그 내용을 그대로 따라 했다.

***

어느 날 뜻밖에도 채비가 병원으로 성지를 찾아왔다. 두 사람은 정원에 있는 의자에 나란히 앉았다. 성지가 말했다.

"그래. 잘 왔어. 보다시피 문밖에 범은 없어."
"제 안에 있어요. 아주 날카로운 범의 이빨이요."
"여전히 증오하고 싶은 거니?"

채비가 갑자기 눈물을 흘리며 말했다.

"저는 이제 어떻게 해야 해요?"
"물론 용서해야지."
"남의 일이라고 너무 무책임하게 말하는 거 아닌가요?"

성지가 고개를 가로저으며 말했다.

"아니, 너에게 절실히 용서를 바라는 사람이 있어."

채비는 코웃음을 치며 그 사람이 그러더냐고 물었다. 그 사
람이 정말 염치도 없이 용서를 바라더냐고 물었다.

"아니, 그 사람 어머니야."

채비는 고개를 저으며 그 사람 어머니도 정말 염치없다고
했다.

"이 세상 어머니는 다 그래. 자식을 위해선 다 염치가 없어."
"그래도 어떻게 그래요. 아무리 자식이라도요."
"어머니니까, 그래. 그리고 채비 부모님도 용서를 바라실 거
야."
"그런가요? 솔직히 저는 잘 모르겠어요."
"그래, 그 마음 이해해. 그래도 결국에 방법은 하나야. 용서해
야 해."

채비는 도저히 용서할 수 없다는 듯 고개를 가로저었다.

"그래, 용서가 쉽지는 않지. 그런데 말이야. 지금은 너만이 기

적을 만들 수 있어. 다른 사람은 할 수가 없거든."

"용서가 기적이라는 건가요?"

"맞아. 너도 살고 그 사람도 사는 거니까. 이게 기적이 아니면 뭐겠어."

채비는 여전히 고개를 내저었다. 성지는 채비를 데리고 경수 어머니가 기도하는 시간에 맞춰 교회로 갔다. 채비와 성지는 구석에 앉아 있었다. 잠시 후 경수 어머니가 예배실로 들어오더니 큰 소리로 기도했다. 경수 어머니는 채비 부모에게 간절히 구했다. 염치없지만 자기 아들을 용서해 달라고 했다. 채비가 사르르 몸을 떨었다. 잠시 후 경수 어머니는 채비 남매를 위해 기도했다. 사는 것이 막막하겠지만 잘 살게 해 달라고 기도했다. 떨고 있던 채비가 자리에서 벌떡 일어섰다. 빠른 걸음으로 경수 어머니에게 다가가 소리쳤다.

"그만 해요!"

그제야 교회 안을 쟁쟁하게 울리던 경수 어머니의 기도 소리가 멈췄다. 채비는 마음속에 품고 있던 범의 이빨을 경수 어머니에게 꽂듯 날카롭게 말했다.

"정말! 정말 염치없어!"

채비가 뛰쳐나갔다. 성지는 경수 어머니에게 돌아가신 두 분의 딸이라고 말하고는 곧바로 채비를 따라 나갔다. 채비의 모습은 보이지 않았다. 성지는 하늘을 올려다보며 깊은 한숨을 내쉬었다.

***

벌써 며칠째 채비는 성지의 전화를 피했다. 경수 어머니의 기도는 끊이지 않고 날마다 계속되었지만, 경수는 여전히 성지를 증오했다. 그러던 어느 날 성지는 경수에게서 어떤 가능성을 목격했다. 성지가 병실에 들어섰을 때 경수 어머니가 경수 머리맡에서 기도하고 있는 것이었다. 성지는 조용히 다가갔다. 경수는 돌아누운 채 자고 있었다. 경수 어머니는 눈을 감은 채 아주 조용히 속삭이듯 기도했다. 성지는 순간 경수의 어깨가 들썩이는 것을 보았다. 경수가 새어 나오는 눈물을 닦고 있었던 것이다. 성지는 조용히 뒤돌아 나왔다.

성지는 채비를 찾아갔다. 채비는 집에 없었다. 채비네 집 앞 놀이터에 있는 의자에 앉아 채비를 기다렸다. 얼마 후 목발을 짚은 어떤 아이가 걸어가다가 굴러온 공에 맞고서 넘어졌다. 성지는 달려가려다가 그 순간 채비의 모습을 보았다. 채비가 어디선가 달려와 넘어진 아이를 일으켜 세웠다. 다행히 아이는 크게 다친 곳은 없었다. 성지가 다가가자 채비는 모른 체하고 지나치려고 했다. 성지가 채비를 잡았다. 두 사람은 놀이터 의자에 나란히 앉았다. 성지가 어색함을 걷어 내려고 농담처럼 말했다.

"우린 항상 나란히 앉는구나."

"우리요?"

"왜? 좀 어색한가?"

"선생님은 저 같은 애랑 선생님이 정말 우리라고 생각하세요?"

"너 같은 애라니?"

채비가 갑자기 눈물을 터뜨렸다. 성지는 어찌할 방법을 몰라 그냥 기다렸다. 잠시 후 채비는 엉뚱하게도 남자 친구가 그만 만나자고 했다고 말했다. 성지가 왜냐고 물었지만, 채비는 계속 울기만 했다. 성지가 혹시나 하는 생각으로, 설마 부모님이 없다고 그런 거냐고 묻자, 채비는 울먹이며 고개를 끄덕였다.

"그놈이 너 같은 애라고 말한 거야?"

채비가 다시 고개를 끄덕였다. 성지는 그런 놈을 왜 만나냐며 당장 끝내 버리라고 했다. 그러자 채비가 당황했던지 울음을 멈추고 성지를 쳐다봤다. 성지는 흥분을 가라앉히고 말했다.

"남들이 부모 없는 아이라고 말한다고 해서 너까지 그렇게 생각
할 필요 없어."

또 그 남자 친구라는 놈은 아주 형편없는 놈이니, 차라리 잘되었다고 말했다. 채비가 쓴웃음을 지었다. 둘 사이에 잠시 침묵이 흘렀다. 성지가 말했다.

"넌 강한 아이야."
"뭐가요?"
"아까 넘어진 아이를 도와줬잖아."
"도움이 필요한 아이였으니까요."

성지는 누군가에게 도움을 줄 수 있는 사람은 강한 사람이라고 말했다. 하물며 도움을 절실히 바라는 사람이 있다면 당

연히 도와줘야 하는 거라고 말했다. 더구나 다리 하나가 없는 사람이라면 일어날 수 있게 도와줘야 하는 거라고 말했다. 절대적으로 도움이 필요한 사람이라고 말했다. 하지만 채비는 절대 못 한다며 고개를 내저었다.

"네가 정 싫다면 용서하지 않아도 돼. 하지만 도와줄 수는 있잖아."

채비는 용서든 도움이든 절대 할 수 없다며 집으로 들어가 버렸다. 성지는 채비가 강을 건너기에는 강이 너무 깊은 모양이라고 생각했다.

며칠이 지나고 채비에게서 연락이 왔다. 채비는 뜻밖에 그 사람을 도와주겠다고 했다. 단, 조건이 있다고 했다. 경수라는 사람을 절대 용서하지 않겠다는 조건이었다. 성지는 아무래도 좋다고 했다. 이튿날 채비는 성지와 함께 경수를 찾아갔다. 입원실에는 경수와 경수 어머니가 있었다. 경수는 창밖을 내다보며 모두의 시선을 피했다. 채비는 얼굴이 빨갛게 상기되어 있었지만, 눈물을 참으려고 애썼다. 그리고 잠시 눈을 감았다가 떴다. 담요 속에 있는 경수의 잘려 나간 다리를 상상했다. 채비는 처음으로 경수가 불쌍하다는 생각이 들었다. 경수 어머니가 말을 꺼내려고 하자, 순간 경수가 모두 나가라고 소리쳤다. 어머니도 필요 없다고 했다. 그러자 채비가 큰 소리로 단호하게 말했다.

"그만해! 엄마가 필요 없다니! 내 엄마를 죽여 놓고선 어떻게 그래."

순간 경수가 움찔했다. 성지도 뭔가 뜨끔했다. 채비가 이렇게 원망하려고 오자고 한 것만 같았다. 그때 채비가 틈을 주지 않고 말했다.

"그리고 주제에 아저씨가 뭘 잘했다고 엄마에게 함부로 해!"

경수가 다시 움찔했지만, 기세가 꺾인 것은 아니었다. 경수는 갑자기 담요를 덥석 들어 바닥에 집어 던지더니 다시 소리쳤다.

"용서? 내가 용서를 빌면 내 꼴이 뭐가 달라져?"

채비는 경수의 잘려 나간 다리를 보고 놀랐지만, 성지는 경수가 용서라는 단어를 말하자 놀랐다. 채비는 눈을 질끈 감고 잠시 숨을 골랐다. 성지가 당황하고 있는데 채비는 손을 부들

부들 떨며 바닥에 떨어진 담요를 주어 경수의 다리를 다시 덮어 주었다. 채비는 생각보다 담대했다. 하지만 채비의 손이 떨고 있다는 것을 성지는 알아볼 수 있었다. 채비는 최선을 다해 노력하고 있었다. 잠시 후 채비는 조용히 낮은 어조로, 그러나 또렷하게 말했다.

"잘못했으면 당연히 용서를 빌어야지. 절대 용서받을 수 없겠지만, 그래도 빌어야지. 죽을 만큼 빌어야지, 그게 사람이지! 이 나쁜 놈아!"

아직 고등학생인 채비가 이렇게 말하자, 경수는 당황한 기색이 역력했다. 채비는 한마디 더 덧붙였다.

"그럴 용기가 없었으면, 그렇게 엄청난 짓은 저지르지 말았어야지!"

성지는 이제 경수의 기세가 꺾인 것 같았다. 경수는 대꾸하지 않고 창밖을 내다봤다. 채비는 눈물을 흘리며 계속 말했다. 자기한테는 용서를 빌지 않아도 좋다고 했다. 용서를 빌어도 용서할 마음이 없다고 했다. 하지만 자기 부모님께는 꼭 용서를 빌어 달라고 말했다. 성지는 그제야 채비가 왜 이곳에 오자고 했는지 알 수 있었다. 자기 부모님을 위해서 온 것이었다. 그때 경수가 고개를 돌리더니 채비를 보며 이렇게 말했다. 이번에는 아예 체념했는지 소리치지 않았다.

"학생, 난 어차피 이판사판이야."

경수가 반응을 보이자, 채비는 단호한 어조로 말했다.

"그럼, 당신 부모님을 위해라도 우리 부모님께 용서를 빌어!"

이번에는 경수가 움찔했다. 채비는 경수가 자기 부모님께 용서를 빌면 자기도 경수 부모님을 용서하겠다고 말했다. 성지는 당황하고 있는 경수의 모습을 알아볼 수 있었다. 성지 자신도 전혀 예상치 못한 대화가 이어지고 있다고 생각했다. 채비가 자기 부모님을 생각하는지 눈물 흘리는 모습을 보았다. 채비가 경수를 바라보며 다시 말했다.

"혹시 알아! 진심으로 용서를 빌면, 죽지 않고 이렇게 사는 것이 괜찮아질 수 있을지!"

채비는 이렇게 말하고는 입원실에서 나가려고 했다. 그때 경수가 하소연하듯 말했다. 용서를 바라는 것만 같았다.

"나는 날마다 악몽에 시달려. 문을 열고 나갈 때마다 범의 무리
가 달려들거든."

성지는 깜짝 놀랐다. 채비와 성지가 같은 꿈을 꾸었다니….
채비가 말했다.

"그거 당연한 거야."

채비는 그렇게 대꾸하고는 입원실에서 빠져나갔다. 성지가
따라 나갔다. 두 사람은 가까운 커피 전문점으로 갔다. 채비의
눈물이 그치지 않았다. 성지는 달래지 않고 그저 바라만 봤다.
이 아이가 누구보다 어른스럽다고 생각했다. 채비가 눈물을
추스르자, 성지는 조심스럽게 물었다.

"너도 용서한 거지?"

하지만 채비는 연기를 했을 뿐 절대 용서한 것이 아니라고
했다. 채비는 자기가 연기 지망생이었다고 말했다. 성지가 믿
기지 않아 빙그레 웃으며 정말이냐고 묻자 이렇게 말했다.

"진짜예요. 아까 그거 모두 제가 외웠던 대사였어요."

성지는 다소 놀라기는 했지만, 채비 마음을 알 것도 같았다. 말은 저렇게 해도 채비의 눈물은 사실이었다고 믿었다. 그 눈물은 연기가 아니었다.

"그래, 어쨌든 고마워."

그제야 채비가 속마음을 말했다. 자기도 잘 모르겠다며 엄마 아빠 이야기를 꺼냈다. 최근에 엄마 아빠가 매일 밤 꿈속에 나타난다고 했다. 경수를 용서하고 세상과 화해하라고 했다고 말이다. 그래야 살 수 있다고…. 그래서 이렇게 찾아왔다고 했다. 성지는 다시 빙그레 웃으며 고개를 끄덕였다. 채비에게도, 경수에게도 이제 시간이 필요하다고 생각했다.

여러 날이 지나고 경수가 퇴원하는 날이었다. 박 목사가 경수 어머니의 부탁으로 경수를 찾아왔다. 성지도 함께 있었다. 박 목사가 경수를 위해 기도했지만, 경수는 여전히 창밖을 보고 있었다. 박 목사가 기도를 끝내고 병실에서 나가려고 하자 경수는 그제야 입을 열었다.

"저기요."

성지와 박 목사가 돌아서자, 경수는 두 사람을 바라봤다. 경수의 눈에서 뜨거운 눈물이 흘러내렸다.

"저는 신이 용서하든 안 하든 상관없어요. 또 저의 미래가 어떻게 되든 상관없어요. 하지만 채비 남매에겐….."

성지가 말했다.

"네, 용서를 비세요. 채비 남매가 꼭 용서할 테니까요. 어쩌면 이미 용서했을지도 몰라요. 그러니까 일부러 찾아왔겠지요."

이번에는 경수가 박 목사를 바라보며 고백했다. 용서를 바라듯이….

"제가… 사람을 죽였어요."

신상현

대천제일감리교회 집사. 제23회 MBC 창작동화대상으로 등단 소설가, 동화 작가로 활동하고 있으며, 보령에서 동동책방을 운영하고 있다.

단편 소설
가작

새아빠

김유미

＊＊＊

이메일의 '수신 확인'을 열어 보았다. 아빠는 여전히 관희의 메일을 읽지 않았다.

"바보!"

도대체 누구한테 바보라고 한 걸까? 올라오는 물음에 뭐라 답해야 할지, 자신의 시선을 어디에 두어야 할지 몰라 이내 초점이 흐려졌다.

"에휴…"

십 대 소녀와는 어울리지 않게 할머니에게서나 들을 법한 짙은 한숨이 흘러나왔다. 메일함에는 읽지 않은 편지가 수두

록했다. 수신자는 모두 아빠였다.

관희는 이메일로 아빠와 미주알고주알 자주 수다를 떨었다. 직접 얼굴을 보면 할 수 없었던 말이 글로는 잘도 써졌다. 친구랑 다투고서 편지에다 밑도 끝도 없이 친구 욕을 늘어놓으며 억울한 마음을 표현할 때도, 아빠는 언제나 사려 깊게 관희의 마음을 알아주었다. 성적이 떨어져 풀이 죽어 있으면, 아빠는 재미난 글귀나 감동적인 시를 편지에 담아 격려를 아끼지 않았다. 그런 아빠의 편지는 관희의 성장통을 견디게 하는 진통제이면서 면역성을 높여 주는 영양제와 같았다.

물론 처음부터 이메일을 사용한 건 아니었다. 아빠의 편지를 차곡차곡 모아 두고서 때때로 다시 보고 싶었던 관희가 먼저 이메일을 사용하기 시작했는데, 아빠는 그걸 오히려 더 좋아했다. 유난히 손가락이 굵은 아빠가 핸드폰에 문자 쓰는 고충을 효심 깊은 딸이 알아준 거라며 훤하게 이를 드러내고 웃던 모습이 관희의 가슴에 남아 있다.

엄마는 그런 아빠와 관희의 모습을 못마땅하게 여겼다. 밤늦도록 공장일에 시달린 사람이 쓸데없는 데 체력을 낭비한다며 답장에 골몰하는 아빠에게 핀잔을 주곤 했다. 그런 소리가 관희의 귀에까지 들려올 때면, 엄마가 유치하게 아빠와 자기 사이를 질투한다고 생각했다.

"하하, 우리 딸이랑 이렇게 편지한 거 나중에 책으로 묶으면 베스트셀러가 될지 모르지! 그러면 그걸로 당신이랑 유람선 타고 세계 여행이나 다녀올까?"

그런 가당찮은 흑심을 품어서인지 아빠는 관희와 메일을 주고받는 즐거움에 푹 빠져 있었다. 3년 전 세상을 떠나기 전까지….

잎을 모두 떨구고 가지만 앙상한 나무 밑에다 아빠를 남겨두고 돌아온 날, 관희는 두꺼운 이불을 머리끝까지 덮어쓰고 전기 매트 온도를 최고로 올려 몸을 데워도 오슬오슬한 떨림이 쉬이 사그라지지 않았다. 지독한 몸살이었다. 몸살이 지나간 후, 그동안 관희의 가슴속에서 싱그럽게 피어나던 초록빛 잎사귀들이 모조리 바싹 말라비틀어진 채 바닥으로 떨어진 걸 알았다. 아빠를 묻고 온 그 겨울나무처럼….

"바보!"

관희는 목에 힘을 줘 목구멍에 가시처럼 박힌 말을 다시 내뱉었다. 가슴에 한가득 감정이 차오르면 아빠에게 습관처럼 보내던 편지를 멈출 수 없어, 언젠가부터 답장 없는 편지를 써오고 있었다. 그러면서도 혹시나 하는 마음에 '수신 확인'을 눌러 보는 자신이 너무 한심해서 셀프 꿀밤이라도 주고 싶었다.

'아빠도 바보!'

뒤이어 올라오는 말은 내뱉지 않고 속으로 삼켰다. 바보 멍청이처럼 아빠는 자기 편지를 읽을 수도, 답할 수도 없는 곳에 가 있으니까…. 그런 아빠에게 소리 내 투정을 부려 봤자 아무 소용이 없으니까….

"들어가도 되니?"

문밖에서 노크 소리와 함께 엄마 목소리가 들렸다. 관희는 후다닥 모니터 화면을 꺼 버리고 교과서를 꺼내 아무렇게나 펼쳐 들었다. 대답도 듣지 않은 엄마가 슬며시 문을 열었다.

"열라고 하지도 않았는데 왜 여는 거야!"

관희가 가시를 잔뜩 돋우며 쏘아붙였다.

"계집애, 사춘기 티 그만 내고 이 옷 한번 입어 봐."

엄마는 작년 말부터 관희가 조금이라도 예민하게 군다 싶으면 사춘기 티를 낸다며 입막음하려 들었다.

"관희야, 이 옷 입고 거실로 나와 봐. 아저씨가 다음 주 토요일 가족 식사 때 입고 오라고 사 오셨어."

엄마가 커다란 종이 가방에서 아래위가 붙은 데님 점퍼스커트와 하얀 레이스가 눈부시게 매달린 블라우스를 꺼내 들었다.

"어때? 이 블라우스 좀 봐 봐. 예쁘지! 레이스가 너무 사랑스럽지 않니?"

엄마는 블라우스를 펼쳐 보이며 칭찬이라도 받고 싶은 강아지처럼 설레발을 쳤다.

"그렇게 마음에 들면 엄마가 입든가."

책에만 눈을 고정한 채 관희는 엄마에게 눈길을 주지 않았다.

"얘는, 아저씨가 기껏 너 주려고 백화점을 죄다 뒤져서 골라온 건데…."

들뜨고 부풀었던 엄마의 목소리가 구멍 뚫린 비닐봉지처럼 흐물거렸다.

"왜? 마음에 안 들어? 다른 걸로 바꿔 달라고 할까?"

언젠가부터 엄마는 관희의 낯빛을 살피며 자꾸 되묻는 버릇이 생겼다.

"됐으니까 그냥 거기 놔두고 나가. 나중에 입어 볼게."

관희는 퉁명스레 대꾸했다.

"그러지 말고, 지금 한번 입어 봐. 우리 딸 얼마나 예쁜지 엄마도 보고 싶고, 아저씨가 너 입은 거 보고 싶다고 거실에서 기다리고 계셔."

엄마의 말이 끝나기 무섭게 관희는 들고 있던 교과서를 거칠게 덮으며 목소리를 높였다.

"엄만 지금 나 공부하는 거 안 보여? 내일 영단어 쪽지 시험 있
단 말이야."

때마침 들고 있던 책이 다행히 영어 교과서였다. 시험 핑계
는 언제나 원하는 결과로 작동해서 관희를 만족시켰다. 순발
력 있게 핑계를 찾아낸 스스로가 대견했다.

"오오, 그랬어? 미안. 근데 영어라면 아저씨가 도와줄 수 있는
데…. 아저씨 영어 잘하는 거 너 알지?"

엄마는 어떻게든 관희와 아저씨가 친해질 기회를 만들고
싶어 안달이 났다. 가족 식사까지 앞으로 열흘밖에 남지 않았
다. 전에도 여러 번 아저씨와 관희가 사귀어 볼 시간을 마련하
려 했지만, 번번이 피하려고만 드는 관희 때문에 애가 달았다.

"엄마, 제발!"

관희는 엄마의 속내를 모두 꿰뚫어 본다는 듯 앙칼지게 노
려보았다.

"아유, 알았다, 알았어! 천천히 하자, 천천히…."

한풀 꺾인 엄마가 사라진 방문 너머로 아저씨와 엄마의 웃음 섞인 말소리가 뜨문뜨문 들려왔다. 방문 너머의 거실은 딴 세상처럼 까마득해서 영원히 연결될 수 없을 것 같았다.

'뭐가 그렇게 좋냐?'

엄마가 아저씨와 함께 있을 때 편한 모습이 보기 좋으면서도 이상하게 억울한 마음이 자주 끼어들어 관희는 혼란스러웠다. 이런 마음을 아빠한테 메일로 써 보낸 지 꽤 되었지만, 답장을 받지 못해서인지 마음이 쉽사리 정돈되지 않았다.

침대에는 새하얀 블라우스와 허리가 잘록하게 들어간 점퍼 스커트가 나란히 펼쳐진 채 놓여 있었다. 결혼식에 어울려 보였다. 엄마가 '가족 식사'라고 부르는 날은 아저씨와 엄마가 가까운 친척들을 모시고 식사하는 것으로 결혼식을 대신하는 날이었다. 아저씨와 한 가족이 되면 어떻겠냐고 지나가는 소리처럼 묻던 엄마의 모습이 떠올랐다.

"우리 관희가 싫다면 엄마도 생각 접을게! 그러니까 한번 잘 생각해 봐."

관희는 별일 아니라는 듯 아저씨 얘기를 꺼내는 엄마가 몹시 낯설게 느껴졌다.

"참, 아저씨한테 아들이 있는데 초등학교 2학년이래. 너한테 남
동생도 생기는 거야. 이제껏 너 혼자라 외로웠는데 잘되지 않았
니?"

지금까지 외동딸로만 살아온 관희에게 동생이, 그것도 남
동생이 생긴다는 말은 갑작스럽고도 충격적인 소식이었다. 관
희는 그런 얘기를 대수롭지 않게 전하고 있는 엄마가 정말로
자기와는 아무런 상관없는 남처럼 여겨졌다.

"엄마 맘대로 하든지…."

***

관희의 허락이 떨어지기 무섭게, 엄마와 아저씨는 양가의
허락도 서둘러 받아 냈다.
아빠가 운영하던 작은 공장을 경험도 없는 엄마가 물려받
은 뒤, 외국인 노동자들과 함께 일해야만 했던 엄마는 언어도
통하지 않고 문화도 다른 사람들을 이해하는 데 많은 어려움

을 겪어야 했다. 그때 마침 다문화 지원 센터에서 일하시던 아저씨의 도움과 격려는 엄마에게 큰 힘이 됐다. 공장의 크고 작은 문제가 생길 때마다 아저씨의 도움이 이어졌고, 자연스럽게 한 가족의 꿈을 꾸게 되더라는 이야기를 듣게 된 건 정작 엄마가 아니라 이모에게서였다. 이모는 그동안 아빠 없이 혼자서 힘들고 고단했을 엄마의 선택을 이해해 줄 수 있을 거라며 관희를 다 큰 어른처럼 대했다. 그런 이모의 태도가 그리 싫지 않았다.

"엄마만 행복하다면 난 괜찮아 이모."

이모한테는 진짜 어른스러운 말도 서슴없이 나왔다. 엄마가 무슨 얘기를 어떻게 했는지 고모들과 큰아버지와 큰어머니까지 엄마의 결혼을 진심으로 축하해 주었다.

"아이고, 내 강아지. 내도 불쌍코 니도 불쌍코… 우얄꼬…."

가족 중에는 유일하게 할머니만이 관희 속에 매양 끼어드는 억울함을 눈물로 대신 흐느껴 주었다. 할머니는 애지중지하던 막내아들을 잃었고, 관희는 온 세상 같았던 아빠를 잃었다. 엄마가 아저씨의 존재를 알려 온 후부터 관희는 괴이하게 할머니한테서 이전에 없던 끈끈한 동지애를 느꼈다. 하지만 할머니가 관희를 붙잡고 하소연하며 눈물을 질금거릴 때마다 관희는 진짜로 자기가 세상에서 가장 불행하고 비참한 사람처럼 느껴져 한없이 우울해졌다.

토요일 '가족 식사'라고 부르던 모임에 관희가 아는 가족은 외갓집 식구들밖에 없었다. 아니, 아는 사람이 한 사람 더 있다. 벼이삭인지 뭔지 하는 놈, 정이삭!

엄마의 끈질긴 권유에 못 이겨 가족 식사를 며칠 앞두고 아저씨와 초등학교 2학년이라는 남자애를 패밀리 레스토랑에서 만났다.

"누나, 관희 누나라고 했지? 난 이삭이, 정이삭."

아저씨의 아들은 유난스레 해맑고 부담스러울 정도로 붙임성이 좋았다. 엄마는 그런 이삭이가 귀여워 미치겠다는 듯 이삭이의 말 한마디 한마디에 웃어 대느라 정신을 못 차렸다. 엄마의 그런 명랑한 모습은 아빠가 돌아가신 후 처음이었다. 오랜만에 들어 보는 엄마의 커다란 웃음소리에 관희는 묘한 배신감마저 들었다. 이삭이와 아저씨의 우스갯소리에 절대 웃지 않는 것으로 어떻게든 엄마에게서 느껴지는 배신감에 복수하고 싶었다.

그런데 마치 운명이라고 얘기하듯 엄마처럼 아저씨 성도 정 씨였다. 이삭이라는 애까지 세 명의 정 씨가 나란히 관희 앞에 앉아 있었다. 정 씨 성을 가진 그들만이 이 패밀리 레스토랑에 어울리는 가족 같았다. 그날의 만남은 세 명의 정 씨 사이에 최 씨 성을 가진 관희만 이물질처럼 어색하게 겉돌았다.

명색이 '가족 식사'인데 참석한 사람의 반 이상이 모르는 사람들이었다. 게다가 자신을 목사라고 소개한 사람이 엄마와 아저씨의 결혼을 예배라는 이름으로 이끌었다.

"저 목사란 사람도 너희 가족이야?"

바로 옆에서 웬일로 얌전히 앉아 있는 이삭이에게 물었다.

"아니, 가족은 아닌데 가족 같으신 분이야. 우리 교회 목사님."

예배를 방해하지 않으려는 듯 이삭이는 최대한 작게 소곤거렸다.

'가족이 아니면 아닌 거지, 가족 같은 건 또 뭐야?'

가족도 아닌 사람이 가족 식사라는 데 온 것부터 관희는 마음에 들지 않았다.

"관희라고 했지? 엄마 닮아서 예쁘게 생겼네. 정 집사님처럼 훌륭한 분이 새아빠가 돼서 좋겠구나."

목사라는 사람이 관희의 어깨를 가볍게 토닥이며 말을 붙였다.

'새아빠?'

토닥이던 목사의 손이 갑자기 자기 뒤통수를 세게 후려치기라도 한 것처럼 관희는 정신이 번쩍 들었다.

'아저씨가 새아빠가 된다고?'

엄마가 아저씨와 한 가족을 꿈꾼다고 했을 때, 관희는 힘들고 외로운 엄마에게 기댈 수 있는 짝꿍이 생기는 거라고 이해했다. 자기에게 새아빠가 생기는 거라고는 단 한 번도 생각해보지 못했다. 엄마도, 이모도, 어느 한 사람도 그런 말을 입 밖에 꺼내지 않았다. 가족이 된다는 건 아저씨를 새아빠로 받아들이는 게 포함돼 있다는 걸 관희는 가족 식사가 끝나갈 무렵에야 깨달았다.

'아빠… 어, 어떡하지?'

관희는 그제야 엄마에게서 느껴졌던 혼란스러움과 묘한 배신감의 뿌리가 무엇이었는지 알았다. 엄마는 새아빠라는 소리를 단 한마디 꺼내지 않고, 아빠의 자리를 빼앗아 아저씨에게 넘겨주려고 호시탐탐 기회를 엿보았던 게다. 참을 수 없는 분노가 목구멍까지 치밀어 올라 숨을 쉴 수가 없었다. 숨을 헐떡이며 주먹에 부르르 힘을 준 채 돌아본 엄마는 사람들을 향해 봄볕처럼 환하게 웃고 있었다. 벚꽃잎같이 하늘하늘한 고운 한복을 입고 바위처럼 단단해 보이는 아저씨 옆에 서 있는 엄마가 그 어느 때보다 예뻐 보여 더 기가 막혔다. 마냥 행복해 보이는 엄마를 보며, 할머니가 어째서 자기를 볼 때마다 그렇게 눈물을 질금거렸는지 알겠다는 듯, 관희의 눈에도 그렁그렁 눈물이 차올랐다.

***

관희와 이삭이를 이모에게 맡긴 엄마와 아저씨는 가족 식사를 마치고 난 다음 날 터키와 그리스로 여행을 떠났다. 기독교의 성지를 둘러보는 여행이라고 했다. 아저씨는 다문화 센터를 운영하는 이유가 이주민에게 하나님의 사랑을 전하기 위해서라고 했다. 그런데 그거랑 비슷한 걸 아주 오래전에 방울인지 바울인지라는 사람이 했고, 그 사람이 걸었던 길을 존경하는 마음을 담아 엄마와 함께 걷고 싶다며 여행의 의미를 일러 주었다. 관희는 별로 궁금하지도 않은 이야기를 아저씨가 쓸데없이 주절거리길 좋아한다고 생각했다. 관희가 오히려 더 궁금했던 것은 엄마가 언제부터 아저씨처럼 기독교인이 되었는지였다. 한 번도 엄마 입에서 예수님이니 하나님이니 하는 소리를 들어본 적이 없었기 때문이다. 관희는 기독교인인 아저씨의 강요에 못 이겨 가고 싶지도 않은 괴상한 곳으로 어쩔 수 없는 신혼여행을 떠난 거라 여겼다. 그러나 예상과 다르게 엄마가 이모의 스마트폰으로 날마다 보내온 사진과 문자에는 좋아 죽겠다는 표정과 감탄사가 아저씨처럼 주저리주저리 흘러넘쳤다.

"이삭아, 네 아빠 엄마 입들이 찢어진다."

이모가 이삭이와 함께 스마트폰 사진을 뒤적이며 키득거

렸다.

"이모, 사진에서 엄마랑 아빠가 손에 들고 있는 게 뭐예요?"
"아, 그거 올리브 나뭇잎인 것 같은데?"

이삭이는 엄마가 엄마인 게, 이모가 이모인 게 그저 자연스
러운 모양이다. 관희는 그런 이삭이가 정말 이해할 수도, 이해
하고 싶지도 않았다.

두 사람이 신혼여행에서 돌아올 무렵, 관희는 '평화'라는 이
름으로 한 통의 메일이 온 걸 발견했다. 처음 보는 이름의 메
일이라 관희는 스팸 메일이라 생각했다. "고마운 관희에게"라
는 제목이 없었다면 바로 삭제를 눌렀을 것이다.

"관희야, 아저씨는 네가 이삭이와 나를 한 가족으로 맞아 줘서
얼마나 고마운지 모르겠구나. 힘들고 두려운 결정이었다는 걸
잘 알고 있단다. 돌아가신 관희의 아버지가 훌륭하고 따뜻한 분
이셨다는 얘기도 엄마한테서 들었어. 관희가 그런 아버지를 닮
아서 총명하고 배려심이 남다른 모양이네. 아저씨는 관희 네게
서 그런 아버지의 자리를 대신할 욕심은 없어. 단지, 너와 친구
가 될 수 있다면 정말 좋겠구나. 그리고 허락한다면 너에게 진
정한 새아빠를 소개하고 싶다. 그리고…"

담담하게 써 내려간 아저씨의 메일은 그토록 기다리던 아빠의 답장을 대신해 도착해 있었다.

***

아저씨와 이삭이가 관희네 집으로 이사 온 건 엄마와 아저씨가 신혼여행에서 돌아온 지 사흘 후였다.

"아저씨는 집도 없어? 왜 우리 집으로 들어오는 건데?"

집 한 칸도 없어서 번듯한 집 있는 엄마랑 결혼한 거구나 싶어 관희는 깔보는 눈초리로 대들 듯이 물었다.

"얘는, 아저씨 집 있어. 우리 집보다 크고 훨씬 좋아. 근데….”

아저씨의 집은 누구나 부러워할 만한 마당까지 있는 잘생긴 이층집이라고 했다. 그런데 아저씨는 오래전부터 우리나라에서 일하다가 어려움을 당하고 갈 곳을 잃어버린 이주민을 위한 쉼터를 만들고 싶은 꿈이 있었단다. 그래서 엄마와 의논 끝에 자기 집을 쉼터로 만들고 관희의 집에서 함께 살기로 했다는 거다.

"쳇, 나랑은 상의 한마디도 없이 늘 엄마 멋대로야!"
"미리 상의하지 못한 건 미안해. 사실 이주민 쉼터는 네 아빠도
진심으로 바라고 꿈꾸던 거였어. 아빠는 공장이 자리 잡히는 대
로 이주민 복지 센터를 만들고 싶어 하셨거든. 그래서 아저씨의
제안에 엄마가 선뜻 동의했던 거야. 당연히 아빠 딸이니까 너도
이해해 줄 거라 믿었고….

아빠가 꿈꾸던 일이었다는 게 관희의 이해를 구하는 데 결
정적인 역할을 했다. 하지만 관희가 이해해 주어야 할 일은 그
게 다가 아니었다. 아저씨와 이삭이가 이사 오는 날 관희도 부
랴부랴 이사를 해야만 했다.

"뭐라고? 이삭이한테 아빠 방을 주겠다고?"
"남는 방이 그 방뿐이잖니."

관희는 이삭이에게 아빠 방을 내주는 일은 도저히 받아들
일 수 없었다. 그 방은 아빠가 좋아하던 책도 보고, 관희에게
메일을 쓰려고 골똘히 궁리하는 모습이 아직도 눈에 선하게
남아 있는 곳이었다.

"그럼, 내가 그 방으로 갈게."

"괜찮겠어? 그 방은 햇볕도 잘 안 들고 전망도 별로라고 싫어했 잖아."

관희는 느티나무 가로수가 보이고 햇볕이 오랜 시간 머무 르던 지금의 자기 방을 무척 좋아했다. 그런 방을 이삭이에게 주려니 갑자기 속이 더부룩하고 쓰려 왔다.

'하지만 아빠 방을 벼이삭 같은 놈한테 넘겨줄 수는 없어.'

그래서 관희는 아빠 방으로, 이삭이는 관희가 쓰던 방으로 이사를 했다. 아저씨와 이삭이가 관희의 집으로 이사 오던 날, 이모도 일손을 거든다고 들렀다.

"아유, 누나라고 네가 제일 좋아하던 방을 동생한테 양보했구 나. 어쩜 우리 관희, 기특하기도 하지!"

이모는 입에 침이 마르도록 칭찬을 늘어놓았고, 듣고 있던 엄 마는 마치 자기가 칭찬을 받는 것처럼 뿌듯해했다. 게다가 이 삭이와 아저씨도 감동의 도가니에 빠져 허우적대는 눈치였다.

"이삭아, 누나한테 고맙다고 인사해야지. 이렇게 동생을 위해 배려하고 생각해 주는 누나가 세상에 어디 있니!"

"누나, 진짜 진짜 고마워. 예쁜 여자는 마음씨도 곱다더니, 역시 누나가 최고야."

이삭이는 능글맞게 웃으며 양손의 엄지를 치켜들었다.

"그, 그게 벼, 별로 어려운 일도 아닌데 뭐…."

관희는 자기 의도와는 달리 얼떨결에 받는 오해가 싫지 않아 당황스러웠다. 이모와 아저씨에게 칭찬도 듣고 이삭이에게 고맙다는 인사까지 받고 보니 쓰렸던 속도 스르르 가라앉는 것 같았다.

그날 저녁 이모가 집으로 돌아가고 난 뒤, 아저씨는 아직 짐 정리 중인 엄마와 관희, 이삭이를 식탁으로 불러 모았다. 식탁 위에는 딸기로 먹음직스럽게 장식된 생크림 케이크에 초가 네 개 꽂힌 채 놓여 있었다.

"누구 생일이에요?"

엄마는 아저씨가 몰래 준비한 케이크의 주인공이 누구인지 궁금해했다.

'쳇, 오늘이 벼이삭 생일이라도 되나 보지? 아무튼 케이크 고르
는 감각도 구려. 딸기 생크림 케이크가 뭐야, 유치하게.'

관희는 자기가 좋아하는 치즈케이크가 아닌 것도, 그 유치
한 생크림 케이크의 주인공이 자기가 아닌 것도 마음에 들지
않았다.

"아빠, 내 생일은 지났잖아. 아빠 생일도 여름이니까 멀었고….
그럼, 누나 생일이야?"

이삭이는 동그란 눈으로 관희 쪽을 쳐다보았다.

"어? 나? 나 아닌데."

관희가 어리둥절한 눈으로 엄마를 쳐다보자, 엄마도 눈을
동그랗게 떴다.

"으하하하, 여러분! 케이크를 생일날만 먹어야 한다는 편견은
버려 주세요. 하긴 오늘을 생일이라고 볼 수도 있겠네! 우리가

한 지붕 아래로 모여 한 가족으로 태어나는 특별한 날이니까.
이런 날 그냥 지나갈 수 없잖니? 조촐하게나마 축하를 해야지!"

아저씨는 케이크에 꽂혀 있는 초에 조심스럽게 불을 붙였
다. 촛불 네 개가 케이크 위에서 밝게 타올랐다. 그러자 식탁
주변으로 따스한 온기 같은 게 감돌았다. 관희는 아빠가 돌아
가신 후 이런 온기를 느껴 본 게 오랜만이라는 생각이 문득 들
었다. 오랜만인 만큼 몹시 어색했다.

'으윽, 이 분위기… 설마 아저씨가 돌아가며 한마디씩 하라는
건 아니겠지?'

관희는 아저씨가 만든 이 상황이 뻔하다고 느껴져 오그라
든 손발이 없어질 것만 같았다. 그런데 정작 그 뻔한 말을 꺼
낸 건 아저씨가 아니라 이삭이었다.

"이럴 땐 한마디씩 해야 하는 거 아니에요?"

자기가 무슨 대단히 창의적인 아이디어라도 낸 것처럼 이
삭이는 의기양양했다. 하긴 초등학교 2학년짜리가 그런 생각
을 했다는 게 스스로 기특할지 모르겠다고 관희는 생각했다.

"그래, 그래. 그게 좋겠다! 그럼 이삭이가 먼저 한마디 해 보실 까요?"

엄마는 박수로 맞장구를 치며 마치 어린 소녀처럼 설레는 눈빛으로 이삭이를 바라보았다.

"흐흠, 나는요. 처음엔 관희 누나가 아빠랑 나를 되게 싫어하는 줄 알았어요."

이삭이는 촛불에 시선을 고정한 채 무표정한 얼굴로 말을 꺼냈다. 순간 나머지 세 사람의 표정도 정지 화면처럼 굳어졌 다.

"뭐? 말도 안 돼. 관희 누나가 널 싫어했다면 그렇게 좋아하던 방을 양보했겠어? 그치, 관희야?"

엄마는 다급한 표정으로 관희한테 재빨리 동의를 구했다. 하지만 관희는 아무런 대답을 할 수 없었다. 언젠가부터 관희 는 제 몸을 녹여 타고 있는 촛불 앞에서 속마음과 다른 말을 꾸 며 내는 게 어려웠다.

"히힛, 근데 오늘 보니까 그게 다 오해였다는 걸 알았다요. 난 새엄마가 생긴 것도 좋지만 누나가 생긴 게 대박 좋아요. 형이나 누나 있는 친구들이 젤로 부러웠거든요. 거기다 관희 누난 얼굴도 예뻐서 친구들이 완전 부러워할걸요!"

싱글싱글 웃음기를 머금고 이삭이가 또 엄지를 치켜들었다.

"으하하하, 사내 녀석이라고 벌써부터 예쁜 걸 밝힌다니까! 이삭아, 누나는 얼굴만 예쁜 게 아니야. 속마음은 진짜 글로벌 스타감이지. 그렇죠, 소영 씨?"

아저씨가 엄마를 향해 한쪽 눈을 찡긋거렸다.

"후훗! 뭐, 겉으론 좀 까칠한 데가 있지만, 내 딸이라서가 아니라 속은 엄청 따사로운 극세사 이불…"
"저 촛불 언제 끌 거예요?"

엄마의 말허리를 자르며 관희는 케이크 위에서 타들어 가는 촛불을 가리켰다. 관희의 얼굴에는 이미 분홍빛 홍조가 피어오른 뒤였다.

***

　관희가 나머지 짐을 정리하려고 방 안을 둘러보니, 책장을 빼고는 아빠 물건이 하나도 보이지 않았다. 아빠가 없는데도 이 방이 아무렇지 않게 보이는 건 처음이었다. 아저씨가 한나절 내내 끙끙대며 가구들을 배치한 덕분인지 관희가 쓰던 책상과 침대, 옷장이 오래전부터 이 방을 지키고 있던 것처럼 모든 게 제 자리를 잡았다. 관희는 낯설어야 할 것 같은 이 방이 낯설지 않은 게 별안간 불안했다. 놓치고 싶지 않은 아빠의 기억이 이 방에서, 그리고 이 집에서 연기처럼 사라지고 있는 것 같았다.

　'참, 아빠 사진!'

　관희는 책상 서랍을 열고 액자를 꺼내 들었다. 관희가 이 방으로 이사 오기 전에는 책상 옆 빈 벽을 채웠던 액자였다. 액자 속에는 관희가 이삭이만 할 때 아빠와 빙어 낚시를 가서 찍었던 사진이 넣어져 있었다. 아빠와 관희가 동시에 빙어를 잡고 뛸 듯이 좋아하던 순간을 엄마가 용케 담아 둔 사진이었다.

　'이 방에 아빠 사진을 걸어 두면 엄마랑 아저씨가 싫어하지 않

을까?'

관희는 아무래도 눈치를 보게 되는 자기 모습에 씁쓸한 기분이 들었다.

"관희야, 잠깐 들어가도 되니?"

아저씨가 문을 가볍게 똑똑 두드리고는 조용히 관희의 대답을 기다렸다.

"자, 잠깐만요."

관희는 부리나케 액자를 다시 책상 서랍 속에 집어넣었다. 그리고 자기만의 공간에 생각지 않은 불청객이 찾아온 것 같아 불쾌한 표정으로 방문을 열었다. 문밖의 아저씨는 빨간색 공구함을 들고 있었다.

"관희야, 지난번에 네 방 보니까 아빠랑 찍은 사진 있던데, 이 방에는 그 사진을 어디다 걸면 좋을까?"

아저씨는 공구함을 열어 못과 망치를 꺼내 들고 관희의 방을 두리번거렸다.

"아빠 사진… 걸어도 돼요?"

관희는 뜻밖이라는 듯 아저씨를 올려다보았다.

"그으럼, 당근이지! 이 방에 아빠 사진이 떡하니 있어 줘야 분위
기가 살지 않겠어? 어디에 걸어 줄까? 책상머리에? 오른쪽 벽
에?"
"저… 그럼, 침대맡에….."

관희의 말이 떨어지기 무섭게 아저씨는 거침없이 못을 박
고, 관희가 서랍에서 조심스럽게 꺼낸 액자를 걸어 주었다. 관
희는 무슨 말을 어떻게 해야 좋을지 몰라 우물쭈물 손가락만
만지작거렸다. 고맙다고 말해야 할 것 같았지만 입 밖으로 나
오지는 않았다.

"관희야, 이 사진은 진짜 걸작이다, 걸작."

아저씨는 단지 그 말만 남기고 공구들을 챙겨 경쾌하게 휘
파람을 불며 방을 나갔다.

"아빠, 저 아저씨 좀 웃겨!"

침대맡에 걸려 있는 아빠 사진을 바라보던 관희의 입꼬리에 자기도 모르는 미소가 지어졌다. 그리고 친구가 되고 싶다던 아저씨의 말이 진심일지도 모른다는 생각이 살며시 떠올랐다.

**

아저씨와 이삭이가 이 집으로 이사 온 지 어느새 한 달이 되어 갔다.

"어이쿠, 칼국수가 벌써 다 됐다고? 어디 엄마 솜씨 좀 볼까?"

아저씨가 뒤 베란다에 있는 창고 문을 고치느라 꼈던 손바닥이 빨간 면장갑을 벗으며 식탁으로 다가왔다.

"이삭아, 아빠 말대로 칼국수에 들깻가루 넣으니까 고소하고 맛있다. 그치?"

허겁지겁 국수에 젓가락을 담그는 이삭이를 보며 엄마가 상냥하게 말을 건넸다.

"음, 쩝쩝. 원래 아빠는 칼국수에 콩가루도 넣고 들깻가루도 넣고 그래요. 아빠는 가루들을 좋아하나 봐요."

아저씨는 심심치 않게 엄마의 요리에 의견을 보태고 가사를 도왔다. 그런 아저씨의 모습도 관희에게는 낯선 모습이었다. 관희의 아빠는 집안일에 그다지 관심을 두지 않았다. 워낙 밤낮으로 공장일이 바쁘기도 했지만, 전업주부였던 엄마의 권위를 세워 주는 일에 중요함을 느껴서라고 관희는 생각했다.

"엄마, 아저씨는 집안일에 관심이 많은가 봐, 여자처럼."

관희는 아저씨가 아빠처럼 남자답지 못한 거 아니냐는 얘기를 하고 싶었다.

"하하, 엄마가 공장일로 바쁘니까 내가 돕는 게 당연하지. 그리고 엄마만큼은 못해도 내가 집안일은 좀 해. 이삭이 두 살 때부터니까, 벌써 주부 경력 칠 년 차에 접어드는 것 같은데!"
"예? 어째서 아저씨가 집안일을 칠 년이나 하셨어요?"

"관희야! 그, 그건…"

엄마가 관희의 갑작스러운 질문에 어쩔 줄 몰라 했다.

"그게… 이삭이 두 살 때 이삭이 엄마가 하늘나라로 갔으니까.
그 후부터 나 혼자 이삭이 키우고 집안일도 해야 했거든."

아저씨가 아무렇지 않다는 듯 차분한 목소리로 말을 이어
나갔다.

"이삭이는 내가 해 준 음식밖에 먹어 본 적 없어서 소영 씨 음식
이 진짜 맛있을 거예요."

아저씨가 다정한 눈길로 엄마를 바라보았다.

"으응, 쩝쩝. 난 아빠가 해 준 것보다 엄마 거가 훨씬 맛있어."

이삭이가 헤벌쭉 엄마를 향해 웃었다. 이삭이의 웃는 눈과
마주친 엄마의 눈자위가 붉어지는 것 같았다.

"제, 제가 괜한 걸 물어서…."

관희는 담아 두어야 할 아픈 얘기들은 덮어 주고 모르는 척
해 주는 게 예의라는 걸 아빠에게서 배운 적이 있었다.

"하하, 가족끼리니까 괜찮아. 관희야, 서로 자꾸 물어 가며 차
츰차츰 알아 가자꾸나. 서로를 알아 간다는 게 얼마나 재미나고
멋진 일이니, 하하."

아저씨는 웃음이 정말 헤펐다.

"아빠, 아빠! 서로 알아 간다는 게 뭐야? 뭘 알아야 하는 건데?
쩝쩝."

엄마가 가득 퍼 준 칼국수 한 그릇을 순식간에 비우며 이삭
이가 새살스럽게 물었다. 그런 이삭이를 보는 관희에게 많은
생각들이 순서 없이 떠올랐다. 우선 이삭이가 그렇게 어려서
부터 엄마 없이 자란 아이라는 것에 놀라지 않을 수 없었다.
관희는 이삭이를 처음 보았을 때부터 지금껏 그런 그늘을 전
혀 보지 못했다. 오히려 관희가 아는 어떤 애들보다 지나치게
해맑고 행복한 아이였다.

'이삭이는 나랑 아빠처럼, 자기 엄마와의 추억이 별로 없어서

그런가?'

관희는 이삭이의 밝은 기운이 어디서 비롯되었는지 궁금했
다.

＊＊＊

이른 아침에 낮게 드리워진 구름이 쌀알 같은 눈을 기운차
게 뿌리더니 땅에 닿자마자 쌓이지도 못하고 흔적 없이 사라
졌다. 눈이 그치자마자 하늘을 가득 채웠던 구름이 순식간에
옅어지고 어느새 구름 사이로 빼꼼히 고개를 내민 햇볕이 관
희의 창문을 두드렸다.

"아빠, 아침엔 이 방도 햇볕이 들어서 참 좋아요."

창문으로 들어와 침대 가장자리에 내려앉은 햇볕을 관희는
한동안 물끄러미 바라보았다. 그리고 손을 내밀어 손바닥 위
에 햇볕을 가만히 올려놓았다.

"참 신기해, 아빠. 겨울 햇볕이랑 봄볕이랑은 어쩐지 느낌이 달

라. 봄볕은 복슬복슬한 솜털이 나 있는 것처럼 간지럽고 더 따
사로운 것 같아. 그치?"

"누나, 지금 누구랑 얘기해?"

아무런 기척도 없이 이삭이가 관희의 방문을 열고 손바닥
위의 봄볕처럼 복슬복슬한 얼굴을 내밀었다.

"너, 정이삭! 누나 방에 들어올 땐 반드시 노크하라고 했잖아."

관희는 사납게 소리치며 흰자위가 드러나게 이삭이를 노려
보았다. 혼자 있을 때 버릇처럼 아빠에게 말을 거는 모습을 다
른 사람에게는 들키고 싶지 않았는데, 이삭이가 그 모습을 본
게 짜증스러웠다.

"헤헷, 미안해. 깜빡했어. 학교 화장실 말고는 노크를 해 본 적
이 없어서…. 근데 누나 왜 혼자 중얼거리고 있었어? 예수님께
기도했어?"

"뭐? 기도?"

뭐 눈에는 뭐만 보인다더니, 아빠와 나눈 혼잣말을 기도로
오해하는 게 우스웠지만, 관희는 달리 둘러댈 말이 떠오르지

않았다.

　"으응. 그, 그래. 기, 기도했어."
　"와아, 누나 진짜 믿음이 좋은가 보다! 막 기도도 하고…. 우리
주일학교 선생님도 맨날 기도하라고 그러는데, 난 잘 못해. 근
데… 누나. 교회 다닌 적 있어? 아빠는 누나가 교회 다닌 적이
없을 거랬는데…."

　어쩌면 당연한 이삭이의 질문에 관희는 성질이 발끈 돋았
다.

　"야, 그깟 교회 안 다녀 본 사람이 어디 있니?"

　교회 다녀 본 적 있다는 말이 아주 틀린 말도 아니었다. 아
빠가 돌아가시기 전에는 동네 교회에서 여름성경학교가 열릴
때마다 하루 종일 놀다 오곤 했기 때문이다.

　"어? 그럼 같이 교회에 가도 되겠네? 엄마는 누나가 교회 다닌
적이 없어서 같이 가자고 하면 싫어할 거라고 그랬는데."
　"그, 그건…"
　"아싸, 딱 좋았어! 똥민이 자식 저만 이쁜 누나 있다고 맨날 자

랑질이었는데, 내일 교회에서 누나 보면 그 녀석 기가 팍 죽을 걸!"

"아, 아니. 나, 나는…"

이삭이는 관희의 대답을 다 듣기도 전에 신이 나 폴짝거리며 거실로 뛰어나갔다. 하여간 성급함이 하늘을 찌를 녀석이라고 관희는 생각했다. 일은 거기서 끝나지 않았다. 이삭이는 아저씨와 엄마에게 누나가 교회에 함께 갈 거라는 얘기며, 기도까지 한다는 걸 자기 아빠처럼 주절주절 늘어놓았다. 아저씨는 그 얘기를 듣자마자 이삭이랑 똑같이 풀썩거리며 관희에게 뛰어왔다.

"관희야! 내, 내 기도가 이렇게나 빨리 이루어질 줄은 몰랐어. 정말 고맙다. 드디어 이 세상에 관희를 보내 주신 진짜 아빠를 소개해 줄 수 있겠구나! 전에 얘기했었지? 세상에서 제일 사랑이 많은 새아빠를 네게 소개해 주고 싶다고…."

아저씨의 떨리는 목소리와 간절한 눈빛에 관희는 말문이 턱 막혔다. 무작정 좋은 쪽으로만 오해하고 보는 그들의 모습이 당황스러우면서도 기분이 나빠지기는커녕 가슴속이 간질간질해지는 자신이 이해되지 않았다. 게다가 관희는 그런 오해를 바로잡을 만한 용기도 없었다.

이튿날, 관희는 세 명의 정 씨들과 함께 교회를 향해 걸음을 옮겨 놓기 시작했다. 가슴속 앙상했던 겨울나무가 다시금 싱그러운 잎새를 푸르고 푸르게 피워 낼 거라고는 예상하지 못한 발걸음이었다.

김유미

정의로운 평화를 가꾸고, 아름다운 기쁨을 누리기 위해 마음을 나누고 글을 짓는다. 단행본으로 《바오로야 땅끝까지 가볼까》, 《예수님은 날마다 웃었어요》, 《솥단지를 뛰쳐나온 소금》(바오로딸출판사) 등을 썼다.

2

———

수필

낙화(落花) 2021

박지원

＊＊＊

　한파(寒波). 날카로운 바람이 눈과 뺨, 손바닥을 순서대로
자른다. 그사이 태어나는 어색한 온도는 기생하는 온정을 찾
는다. 겨울의 역설은 삶의 정설. 결국 개인의 역사는 그리움으
로부터 출발하는 것. 퇴근 시간, 나는 정류장 모퉁이에 서서
내 곁에도 없는 누군가를 찾는다. 영영 도착하지 않는 사람을
하염없이 기다리는 마음으로…. 만나자는 약속을 한 적도 없
지만….

　정류장은 여행을 떠나는 누구에게나 공평한 곳. 온기를 바
라며 겨우 한 공간을 비집고 들어갈 때, 그곳은 그리운 한 장
면 같다. 얼굴과 맞닿은 또 다른 얼굴들은 슬픔 조각 모음집
같아서, 가만히 조각을 하나하나 맞춰 보고 싶어진다. 떨어진
조각을 맞추다 보면, 머지않은 미래에 내가 찾고 기다리던 이
의 표정이 탄생할 것만 같다. 어떤 창조는 그런 조각을 모으는

기다림을 통해 발현되었을지 모르며, 그 순간은 두려우면서도 경이로웠을 것이다. 그러니 거울은 가장 위대한 경전(經典).

모든 인간에게 공평하게 주어진 인정 욕구는 게으른 이마저 삶을 더 치열하게 만드는 신비한 힘을 가지고 있다(직장에서 누구보다 더 나은 성과를 내고 싶은 마음, SNS에 올린 사진에 '좋아요'가 더 많이 달렸으면 하는 마음, '일 잘하고 놀러도 다니고 잘 사는 나'로 비추어지길 바라는 마음). 하지만 삶의 구심점이 신에게서 나로 옮겨지는 순간, 삶은 쉽게 발칙하고 치사해지기 마련이다. 신은 인간에게 자유의지를 선물하셨지만, 서술하기 부끄러운 어린 시절의 민낯 앞에 자멸하는 경험을 선사하기도 하셨다. 안간힘으로 붙잡고 있던 것은 자연스럽게 펼쳐졌고, 온몸에 힘이 풀려 그대로 고꾸라졌다.

더 이상 소진할 욕구도 없고 몸부림칠 힘도 남아 있지 않자, 끝내 나는 '주변인'을 자처했다. 어떤 관계도 깊이 맺지 않으려 했다. 이제는 관계를 맺는 것이 어려웠다. 그 어려움은 감정 교류의 오류가 아니라, 도리어 누가 보아도 문제가 없어 보이는 것에서부터 시작되었다. 지나치게 서로를 배려하고 이해하고 존중하는 관계, 오지랖이라고는 찾아볼 수 없는 깔끔하고 정확한 하나의 선, 그것을 사이에 두고 서로의 안부를 묻는 사이, 그 정도의 거리감과 책임감은 우아하고 훌륭했다.

시험에 합격하고, 좋은 직장으로 이직하고, 지독한 연애를 끝냈다는 소식을 들었을 때, 사소한 경사에는 커피 한 잔의 기프티콘을 보낼 것(기프티콘 바코드 위의 카드는 '축하합니다!' 혹은 '응원합니다!' 정도로 고를 것. 메시지 작성 칸에는 비록 아무것도 적혀 있지 않지만, 사천오백 원으로 축하의 마음이 충분히 전달되었으리라 믿을 것). "뭘 이런 걸 다 보내고 그래. 축하해 줘서 고마워!"라는 답변까지 온다면 우리 사이의 선은 조금 희미해지는 것이다.

선의 모양이 군더더기 없고 깨끗할수록 누구도 먼저 떠날 가능성이 없는 관계이므로 간편하고 소중했다. 기쁨은 나누되 슬픔은 나누지 않는 것이 인스턴트 사랑의 철칙. 꺼내서 서로가 불편해지는 이야기는 선 아래에 켜켜이 묻어 두기. 하지만 어떤 계기도 없이 유령처럼 어수선하게 흩어지는 관계도 더러 있었다.

다양한 경로로 새로운 관계를 맺기 좋은 만큼, 단절하는 것도 쉬운 세상이다. 손가락으로 화면을 몇 번 터치하는 것만으로 아무도 다치지 않은 채 모르는 사이로 돌아갈 수 있으므로…. 내게 툭 던진 몇 마디에서 나를 곧 찌를 것 같다는 생각이 들면 금세 메신저 대화창을 빠져나왔다. 친구 목록의 숫자는 줄어들었지만, 마음만 먹으면 금방 채우니 괜찮았다. 하지만 '새로 고침'을 누르고 새로운 선을 긋기 위해 발걸음을 재촉하는 그 짧은 시간은 어김없이 외로웠다. 여러 시절이 지날수록 하나의 선이 탄생할 때까지의 시간이 점점 길어짐을 직감할 때, 그 비밀을 다른 사람들이 알게 될까 봐 겁이 났다. 오랜 집착의 모양을 누설할까 봐, 사실 아무 일도 일어나지 않았지만, 기분은 점점 뾰족해졌다.

뾰족한 마음으로 새로운 공동체에 소속되는 것은 쉽지 않았다. 어릴 적부터 교회에서 함께 나고 자란 친구 중에서도 나와 비슷한 이들이 많았다. 둥근 마음이 깎여 나가는 과정은 서로 달랐겠지만, 도달한 지점은 모두가 비슷했다. 가끔 하나님을 떠올리긴 하지만 교회에는 출석하지 않는 친구도 있었고, 아예 교회를 떠난 친구도 있었다. 단기 선교에서 뜨거운 눈물을 흘리며 함께 기도하던 친구는 이제 기독교가 싫다고 했다. 그나마 나는 매주 예배에 참석했고, 청년부 명단에 이름이 올라가 있었으므로 그들 사이에서 믿음 좋은 사람이었다.

그러나 믿음이 좋다는 말은 가장 정확한 허상. 나는 언제나 관계에 목말랐기 때문이다. 그 시절에는 이랑의 〈가족을 찾아서〉라는 노래를 즐겨 들었다.

나는 언젠가 후회하게 될까
엄마의 전화를 받지 않은 것
내 평생 아빠를 용서하지 않은 것
…

내가 사랑할 그 사람을 찾아서

내가 되고 싶은 가족을 찾아서

필연적으로 꾸려진 가족을 떠나 내가 진정으로 사랑하고
사랑받을 수 있는 구성원을 찾고 싶은 마음. 그 결핍을 솔직하
게 표현한 가사가 참 마음에 들었다. 콘서트 A열 좌석에 앉아
라이브를 들으며 눈물을 글썽이기까지 했다. 이 사람 저 사람
재고, 따지고, 기웃거리는 피로 없이 사랑만 주고 사랑만 받을
수 있는 공동체는 어디에 있는지…. 지금 당장 내가 호명할 수
있는 이름의 개수를 세다가, 하나도 없음을 깨닫고 펑펑 울었
다.

***

'결혼'이라는 제도는 관계에 대한 고민을 정리하는 데 도움
을 주었는데, 원하는 가정을 꾸리면서 사람과 선에 대한 집착
을 어느 정도 내려놓게 되었기 때문이다. 추위로 롱패딩 안에
여러 겹 옷을 껴입던 어느 겨울, 남편과 나는 거실에 양반다리
를 하고 앉아 신혼집의 살림살이를 정리하고 있었다. 곧 가족
이 될, 가족이 아닌 사람과 한집에서 그릇을 정리하는 모습은

생경하고 아름다웠다. 우리는 그릇 위에 그릇을 포개면서 함께 다닐 교회를 정하는 주제로 이야기를 나누었다. 당시 나와 남편은 서로 다른 교회를 다니고 있었고, 한 사람이 다니고 있는 교회를 다른 한 사람이 따라가자는 이야기가 나왔다. 나는 출석하던 교회에 각별한 애정을 가진 건 아니었지만 괜히 지기 싫은 마음에 내가 다니던 곳에 가야 한다고 우겼으며, 약간의 침묵과 긴장감 속에 우리는 서로의 그릇을 닦아 냈다.

그때 마침 코로나 팬데믹이 시작되었다. 단체 모임이 제한되자 자연스레 대부분 교회의 예배도 온라인으로 전환되었다. 휴대 전화를 쥐고 설교를 듣는 행위는 낯설고 피로했다. 졸린 눈으로 액정을 들여다보고 있는 내게 남편이 제안했다.

"내가 좋아하는 전도사님이 교회를 개척하셨는데, 인원이 적어
대면 예배가 가능하대. 한 번만 가 볼래?"

나는 사실 그 개척 교회를 이미 알고 있었다. 남편은 전도사님과 예전부터 알고 지냈다는 이유로 종종 주말에 그분이 계신 곳으로 갔고, 심지어 수련회까지 참석했었다. 그런 일이 잦아지자 알 수 없는 반감이 들기도 했지만, 그럼에도 대면 예배를 드릴 수 있다는 제안은 솔깃했기에 방문하는 것으로 어렵게 마음을 정했다.

네이버 지도의 이정표를 따라 주택 단지와 공사 현장을 뚫고 걸어 나오니 아주 오래된 상가 건물이 나타났다. 1층은 국밥집, 2층은 노래방(여긴 노래 연습장이 아니다). 그리고 교회는 3층이었다. 엘리베이터 없는 건물의 가파른 계단을 오르면서 '아기 있는 가정은 오기 힘들겠군' 하고 생각했다. 그러나 그 생각에 다른 생각이 꼬리를 물기도 전에 문 바깥으로 아기 울음소리가 들려왔다. 먼저 교회 문을 열고 들어가는 남편의 꽁무니를 쫓아간 그곳에는 갓난아기를 포함하여 여덟 명 남짓한 사람들이 있었다. 의심의 눈빛으로 쭈뼛거리는 내게 작은 미소를 보이는 이들의 눈은 이따금 반짝거렸다.

예배 공간은 낙후된 건물 외관과 다르게 청결하고 질서 정연했다. 겨울 햇빛은 녹이 슨 창문을 통해 카펫 바닥으로 쏟아지고, 엎질러진 햇살과 찬양을 부르는 사람들의 온기는 한데 어우러져 작은 공간이 금세 훈훈해졌다. 설교 말씀은 내 마음의 상태를 관찰한 듯 오차 없이 정확하게 찌르고 있었다. 빈틈없이 정확한 설교 말씀은 마음 깊숙이 틈입했고, 오랜만에 느끼는 어색함에 주변을 돌아보는데 사람들은 내 시선도 느끼지 못하고 예배에 집중하고 있었다.

예배가 끝난 후에는 테이블과 테이블을 이어 붙여 동그란 모양으로 둘러앉았다. 누군가는 빵과 우유를 테이블 위에 두고, 누군가는 자리마다 종이컵을 놓았다. 테이블 위로 한 사람의 이야기가 대두되면 사람들의 눈빛은 선연해졌다. 수많은 대화 중 은폐되거나 토막 나는 이야기는 없었다. 오랜만에 느끼는 건강하고 따뜻한 기운이었다.

코로나를 핑계로 한 주, 두 주 오래된 3층 계단을 오르는 일이 잦아질수록 아주 멀리 도망치고 싶은 마음과 이곳에 눌러앉고 싶은 마음이 동시에 커졌다. 공동체 사람들이 내게 한 주간의 안부를 물어올 때마다, 그것이 나를 배려하여 최대한 정제한 질문이라는 사실이 느껴질 때마다 나는 어쩔 줄 몰라 했다. '나는 나의 틈을 내어 주고 있지 않은데, 이 사람들은 내내 따뜻한 마음을 보여 주고 있구나' 그런 성실함이 고마웠다.

유령처럼 예배만 드리고 떠나기를 반복하던 두 달 차에 드디어 자문했다. 나는 왜 가지고 있는 것을 제대로 누리지 못할까? 사실은 열렬하게 사랑하고, 사랑받고 싶은 것 아닌가? 가족을 찾고 싶은 것 아닌가? 왜 한 발짝 도망갈 준비를 하고 있을까? 나를 해칠 사람은 여기에 아무도 없는데, 다들 나를 기다리고 있는데, 내가 어떤 사람이라도 이 공동체 안에 있으면 괜찮을 것 같은데…. 그들처럼, 나도 변할 수 있을 것 같은데….

어떤 모양의 슬픔을 꺼내도 기꺼이 곁을 내어 주는 사람들. 그래서 선이 없는 줄 알았는데 그들은 이미 공동체의 힘으로 아름다운 곡선을 만들어 가고 있었다. 함께 빚어 보고 싶다는 작은 용기를 내었을 때, 내 손에는 이미 환하게 깨끗한 얼룩이 져 있었다. 처음 교회 문을 열고 들어온 지 채 두 계절이 지나지 않았지만, 교회 문손잡이는 여러 얼룩으로 반짝였다. 그동안 내가 추측하던 이 세계는 서로를 쓰다듬는 성실함으로 유지되고 있었다. 얼마 만에 느껴 보는 안전함인지, 더 이상 나를 숨기지 않아도 된다는 생각에 가슴이 터질 것 같았다.

어쩌면, 이곳에 머무르면, 깊은 어둠을 가장 쉽게 통과할 수도 있겠다는 상상….

***

이제 나는 더 이상 이랑의 노래를 듣지 않는다. 지겨워져서가 아니라, 자기 연민의 주소를 떠나 새로운 세계에 당도했기 때문이다. 우리는 하나의 공동체에서, 정연한 곡률을 지키기 위해 성실히 사랑하고 있다. 가끔은 서로를 예민하게 공유하기도 하면서 더욱 정교한 무늬를 만든다.

날카롭고 처절한 시절을 지나, 어느덧 나는 누군가를 기다리는 사람이 되었다. 좋은 것일수록 설명하기 어려워지고 손에 꼭 쥐고 싶어지니까. 그렇게 움켜쥔 손으로 누군가의 어깨를 두드려 줄 수 있다면 좋겠다. 얼마든지 쓰다듬어 주고 싶다. 그런 마음으로 정류장에 서 있다. 만나자는 약속을 한 적은 없지만…. 그러다 우연히, 혹은 필연적으로 만나게 될 누군가에게 우리가 만든 아름다운 곡선을 보여 주고 싶다. 새로운 표정이 탄생하는 순간을 목격할 수만 있다면, 나는 기꺼이 손과 손을 붙잡고, 눈빛을 읽고, 흉터를 어루만지는 번거로움을 구매하겠다. 설령 이곳에 잠시 머물렀다 떠날지라도 기다리는 일에 성실해지고 싶다. 그런 나의 마음은 낙화(落花). 바닥에도 꽃이 피는 세계.

　결별이 이룩하는 축복에 싸여 지금은 가야 할 때….

　돌아올 이에게 보여 주고 싶은 기적이 너무도 많아서, 나는 이미 이주 오랫동안 이 정류장에 서 있을 것이다.

박지원

탱고픽처스, 포마이티니, 시네마포유, 세 개의 사업을 운영하면서 포토그래퍼로 활동하고 있다. 렌즈 안에 담겨 있는 존재의 의미를 탐구하다가, 지금은 자신의 존재에 대한 의미를 글로써 실현한다. 우리가본교회 사역자로 섬기고 있으며, 교회 밖에서 서성이는 이들이 마침내 이곳으로 당도하는 순간을 기다리고 있다.

40
: 야구를 보며 교회를 생각하다

기광서

＊＊＊

2024년 나는 대한민국의 40대 중반 평범한 아저씨 목사다. 지난 20년 가까이 교회를 섬기며 앞만 보고 살았던 나에게 지금은 잠시 쉼의 시간이다. 늘 그랬듯이, 돌아보면 모든 것이 하나님의 은혜이다. 그렇다. 그런데, 늘 똑같았던 것은 아니다. 나름 버라이어티하고 굴곡 많은 시간들을 지난 40여 년 동안 살아왔다. 그런 내 삶에 40여 년이라는 시간 동안 늘 함께했던 두 가지를 이야기해 보려 한다. 하나는 야구, 그리고 하나는 교회이다.

내가 일곱 살 때부터 시청하기 시작한 야구는 지금까지 한 번도 내 삶에서 떠난 적이 없는 친구다. 어렸을 때 아버지의 영향으로 보게 된 야구와의 첫 만남은 원래 공을 가지고 하는 운동을 하는 것도, 보는 것도 좋아하는 나에게는 딱 맞는 일이었다. 학교 다녀오면 친구들과 삼삼오오 놀이터에 모여 글러브 하나 없이 방망이와 공만 가지고서 벽에 나름의 스트라이크존을 그려 놓은 뒤 야구를 했고, 텔레비전에서 하는 생중계에 내가 응원하는 팀 경기가 있으면 빠뜨리지 않고 잠깐이라도 봤던 것 같다.

중학교, 고등학교 시절에는 지금은 없어진 라디오 중계를 통해 야구를 들으며 함께했고, 재수하며 대학을 준비할 때는 스포츠 뉴스로라도 응원하는 팀의 경기 결과를 확인하며 야구와 함께했다. 지금은 많은 교회에서 사라진 주일학교 오후 예배 시간이 당시에는 프로야구 중계 시간과 겹치는 경우가 많았다. 내가 다니던 교회는 오후 두 시에 예배가 시작되었는데, 10분만, 5분만 하다가 어느덧 30분이 지나고, 가끔은 거기에 푹 빠져 시간 가는 줄 모르다가 예배에 빠진 경우도 있을 정도로 그렇게 야구를 좋아하기 시작했다.

지금의 아내와 연애할 때는 같이 야구장 직관을 하는 게 위시 리스트에 있었고, 결혼하여 아들을 낳은 후에는 아들에게 야구를 시켜 보려는 생각도 잠깐 했었다. 실제로 아들은 몇 년 전까지 자기 꿈이 야구 선수라고 했었다. 현실을 알고 나서 더 이상 그 꿈을 꾸지 않는 것이 안타까울 뿐이다. 그러나 나는 오늘도 아들과 함께 캐치볼을 하고 야구 중계를 보며 각자의 팀을 응원하면서 부모와 자녀의 시간을 즐거운 추억으로 쌓고 있다. 돌아보면 야구는 언제나 나의 희로애락의 모든 순간에 함께했고 지금도, 그리고 앞으로도 함께 할 좋은 친구다.

또 하나는 교회다. 공교롭게도 야구를 보기 시작할 그즈음 어머니와 함께 온 가족이 교회를 다니기 시작했다. 그 후로 30세 즈음까지 한 교회를 온 가족이 섬겼고, 내가 사역을 시작하며 여러 지역의 교회를 옮겨 다녔지만 지금까지 한 번도 교회를 떠난 적이 없다.

처음 그곳에는 좋은 만남이 있었고, 그로 인한 즐거움이 있었다. 마치 아무것도 모르고 야구를 보았을 때, 그저 던지고 치고 달리고만 봐도 재미있듯이 말이다. 그러나 어느 순간부터 선수가 보이기 시작하고, 규칙이 보이기 시작하고, 그렇게 응원하는 팀이 생기면, 거기에 감정 이입이 시작되어 답답함, 분노, 슬픔이라는 감정도 함께한다.

교회도 그렇다. 아무것도 모를 때 교회는 그저 좋았던 기억들뿐이다. 어린 시절 교회는 믿음이라기보다는 친구들과 놀기 위해, 그리고 맛있는 간식을 먹을 수 있었기에 다녔던 것 같다. 그러나 그 시간들이 있었기에 하나님의 은혜가 어느 순간 그곳에 머물러 있던 내게 채워지고 믿어지는 놀라운 일이 일어날 수 있었다고 믿는다.

그런데 아이러니하게도 알면 알수록, 시간이 지나면 지날수록, 사역을 하며 교회를 삶의 중심에 두면 둘수록 마냥 좋지만은 않았던 것 같다. 오히려 알기에, 믿기에 더 아프기도 하고, 더 슬프기도 하고, 더 답답하기도 했던 것 같다. 그렇지만 지금도 여전히 교회는 야구와 함께 내 곁을 든든히 차지하고 있다. 교회 역시도 지금까지 그랬듯이 앞으로도 늘 삶의 한 자리를 내 곁에서 차지하고 있을 것이다.

그런데 전혀 접점이 없어 보이는 이 둘, 야구와 교회는 어느 순간 나에게 여러 가지를 생각하게 한다. 흔히 교회 강단에서 설교자가 설교를 하고 내려왔는데, 좋은 반응이 있으면 시쳇말로 "오늘 설교 홈런 쳤다"라고 말한다. 여기서 홈런은 엄연히 야구에서 사용하는 용어인데, '그것이 너무나 자연스럽게 교회에서 사용되고 있는 것은 어쩌면 이 둘이 전혀 상관없는 것만은 아니라는 작은 증거가 아닐까' 하고 생각하는 것은 지나친 억측일까? 적어도 나에게는 억측을 넘어 야구와 교회가 '40'이라는 숫자로 나의 삶에 연결되어 영향을 주고 있다.

***

모든 야구팀과 선수에게 경기 승리는 그 자체가 목적이다. 프로는 더 그렇다. 그렇기에 승리를 위해 큰 활약을 한 선수,

그리고 그 선수가 속해 있는 팀이 주목을 받는 것은 당연하다. 흔히 우리가 스포츠 스타라고 부르는 많은 이들이 그런 경우이다.

야구에도 이런 스타들이 있다. 흔한 말로 투수는 선동열, 타자는 이승엽, 야구는 이종범이라 할 정도로, 혹 야구는 몰라도 그 이름은 알 만한 엄청난 스타들이 있다. 참고로 나는 이 중 두 명이 뛰었던 팀을 처음부터 지금까지 응원하고 있다. 그러나 야구는 이 스타 선수 한 명이 아닌 그라운드에는 아홉 명, 벤치에는 한국 프로야구 기준으로 열여섯 명의 선수가 함께한다.

그중에는 시원한 홈런을 치는 타자도 있고, 강속구를 던지는 투수도 있다. 멋지게 승리를 지키는 마무리 투수도 있다. 그런데 언제나 승리가 이런 선수들의 활약으로 얻어지지는 않는다. 사람들은 기억하지 못하지만, 1루에 있는 주자를 2루로 보내서 득점 가능성을 높이기 위해 자신을 희생하며 번트를 대고 아웃을 당하는 선수도 있고, 1점을 내기 위해 3루 베이스에서 호시탐탐 기회를 노리는 주자를 홈에 불러들이고자 외야 플라이로 아웃이 되면서도 점수를 낼 수 있게 자신을 희생하는 선수들도 있다. 그렇게 모인 한 점 한 점이 팀의 승리 가능성을 높이고 한 발짝 더 다가가게 하는 것이다.

그리고 기록은 이들의 수고를 인정한다. 희생 번트, 희생 플라이 같은 결과를 낸 선수의 그 타수는 타율 계산에서 제외 시킨다. 겉보기에는 특별하지 않은 하나의 아웃이지만, 값진 희생이라는 사실을 인정하며 격려하는 것이다. 개인적 손해가 팀의 이익이 되었기에 개인적 손해를 당하지 않도록 하는 통계적 장치이다. 어느 선수가 번트를 대며 자신을 희생하고 싶겠는가. 야구는 홈런이라는데, 어느 타자가 그걸 치고 싶지 않겠는가. 어느 투수가 승리 투수가 아닌 중간에 짧게 던지는 별활약 없는 투수로 기억되고 싶겠는가.

그러나 그러한 희생들이 모두 팀 승리라는 하나의 목표를 위해 응집될 때 비로소 승리를 얻을 수 있다는 자명한 진리를 야구는 나에게 깨우치고 또 깨우친다. 그런 팀은 쉽게 무너지지 않고 오랫동안 강팀으로 존재하게 된다. 지난 시간 내가 본 한국 프로야구팀에서 소위 왕조를 이루었던 팀들은 그렇게 개인이 아닌 팀으로서 승리를 향해 달려갔던 공통점이 있다.

이를 단적으로 보여 주는 야구 플레이가 희생 번트 혹은 희생 플라이다. 그리고 팀원 모두는 이것이 얼마나 값진 희생이라는 사실을 알고 동의하기에, 그런 플레이를 하고 덕아웃으로 돌아오는 동료를 향해 어김없이 박수로 격려하는 것을 보게 된다. 야구는 얼핏 보면 개인플레이지만 보면 볼수록 팀플레이다.

좋은 교회란 어떤 교회일까? 여러 말로 표현할 수 있을 것이다. 좋은 목사님이 있는 교회, 좋은 말씀이 있는 교회, 다양한 사역 프로그램이 있는 교회, 주차장과 편의 시설이 있는 교회, 많은 사람이 모이는 교회…. 각자의 생각이 다르니 다양한 표현이 이어질 수밖에 없다.

그런데, 성경이 말하는 교회가 좋은 교회라면 그 교회는 자명할 것이다. 성경은 교회의 머리가 예수 그리스도라 말한다. 그렇다면 좋은 교회는 예수 그리스도를 중심으로 온전한 한 몸을 이루는 교회라 할 수 있지 않을까? 좋은 야구팀이 개인보다 팀을 앞세우며 기꺼이 희생과 손해를 감수하듯이, 좋은 교회는 예수님 때문에 교회를 이루어 가는 모든 성도가 누구도 예외 없이 기꺼이 자신을 희생하고 손해를 감수하며 서로 사랑하고 한 몸을 이루어 가야 하는 것이 아닐까.

야구에서 희생 플레이는 기록상의 손해를 받지 않는 최소한의 배려를 하지만, 교회에서 우리가 그런 희생과 손해를 감수하며 예수님이 머리 되시는 교회로 한 몸을 이루어 가려 한다면, 그것은 예수님께서 보시고 기억하시며 갚으실 것이니 비할 수 없는 것 아니겠는가. 예수님께서 그 교회를 이루시기 위해 십자가에 자신을 내어 주시는 희생을 감당하셨고, 그렇게 시작된 교회의 영원한 승리의 날을 기다리는 믿음은 오늘 나, 그리고 우리가 값진 희생과 섬김으로 교회를 이루어 가게 하는 힘이 될 수 있지 않을까.

***

이렇게 야구를 보며 그런 교회를 꿈꾸고, 그렇지 않은 교회로 아파하면서 나는 오늘을 산다. 올해 한국 프로야구는 우승을 향한 유래 없는 경쟁이 진행 중이다. 모든 팀에 가을 야구 혹은 우승의 가능성이 있다 보니 예년에 비해 모든 것이 빠르다. 부진한 감독을 교체하고, 부진한 외국인 선수를 교체하는 경우가 그렇다. 그렇게 승리를 갈망하는 구단과 팬은 점점 동조화되며, 때로는 과격한 팬심으로 나타나기도 한다. 말로는 이제는 야구 안 본다고 하고, 이제는 이 팀을 더 응원할 수 없다고 하지만, 어디 야구가 그런 것인가! 본 중계방송을 못 보면 그 후에 하는 요약 정리 프로그램이라도, 그게 안 되면 하이라이트 영상이라도 다시 찾아보게 되더라. 그 정도는 될 때, 팬이 되는 것 같다.

야구팬은 여러 말로 설명할 수 있지만, 내가 생각하는 야구팬은 경기 경기에서 희로애락을 다 느끼고, 당장은 승리가 아닌 패배에 아프고 힘들지만, 내일은 다시 그 팀의 승리를 기대하며 관심을 거두지 않는 이들이다. 그렇게 어느 순간에는 승

패를 초월하여 팀 자체를 향한 기대를 버리지 않고 응원할 수 있는 이들이다. 어떻게 이것이 가능할까? 오늘은 패배할지라도 내일은 승리할 것이라는 기대 때문이다. 올해는 가을 야구를 못 할지라도 조금씩 가능성을 높여 나가다 보면, 언젠가는 가을 야구를 넘어 우승할 것이라는 기대 때문이다. 그 기대에 취하여 오늘도 야구를 끊지 못하는 이들이 팬이다. 나 또한 그렇게 40년을 살아온 야구팬이다.

그리고 나는 교회를 위한 팬이다. 카일 아이들먼(Kyle Idleman)의 《팬인가 제자인가》라는 책이 큰 반향을 일으켰던 한국 교회에서는, 팬보다는 제자라는 말이 더 많이 쓰이고, 오히려 팬이라는 말은 마치 부족한 사람들처럼 받아들여지고 있음을 안다. 하지만 나는 여전히 예수님이 머리 되시는 교회의 팬이다. 나 역시 목사이기 이전에 교회를 이루어 가는 한 지체이기에 몸 된 교회로 인해 아프고 힘들며 때로는 답답하기도 하지만, 오늘의 허무한 패배 중에도 승리를 기대하며 내일 다시 야구를 찾는 팬과 같이 그러한 현실일지라도 최후에는 교회의 완전한 승리가 있음을 믿기에, 지금도 그 교회는 엄연히 예수님이 머리 되시는 교회이기에, 모든 소망과 기대는 예수님께 있음을 믿음으로 그의 완전한 승리를 기다리고 기대하며 소망하는 팬이다. 야구팬은 막연한 기대와 소망을 붙들고서도 정신 승리하며 포기하지 않고 응원하며 기다리는데, 교회의 팬이 되는 것은 성경에서 분명하게 말하는 승리를 근거로 한 것이므로 정신 승리가 아닌 반드시 이루어질 것이다.

지난 40년 동안 그러했듯이 이 땅에 사는 모든 시간 동안 여전히 야구, 그리고 교회는 내 곁에 있을 것이다. 비중의 차이가 있을 수 있고 몰입도의 차이가 있을 수 있지만, 야구를 통해 쉼을 얻고 야구를 보며 교회, 나아가 하나님 나라를 생각하는 나의 삶은 이후로도 주욱 이어질 것이다. 그렇게 나는 야구 팬이자 교회의 머리이신 예수님의 팬으로서 이미 시작한 하나님 나라를 살아가고 싶다. 비록 이름 없는 목사일지라도, 그의 희생을 기억하고 따라가며 최후 승리를 위해 걸어갈 것이다.

기광서

수학을 배우다가 신학대학원에 입학해 목회자가 되어 교회를 섬긴 지 15년째가 된 40대 중반 무명의 목사, 두 아이의 아빠이다. 현실에 아파하면서도 하나님 나라의 참된 소망으로 오늘 하나님 나라를 이루고 나누기를 꿈꾸면서, 현재는 서울의 작은 교회의 동역자로 섬기고 있다.

수필
가작

샘물 파는 사람

이명화

***

생각해 보면 책은 살아오면서 숱한 만남과 헤어짐 속에서도 묵묵히 내 옆에 있었다. 심지어 내 삶 가운데 가장 힘든 시기에 위로가 되고 마음의 닻줄이 되어 준 것은 책이었고 동행이 되었다. 생피에르(Bernardin de Saint-Pierre)는 "좋은 책은 좋은 친구와 같다"라고 했고, 워즈워스(William Wordsworth)는 "책 한 권 한 권이 하나의 세계"라고도 했다. 《내 인생을 바꾼 한 권의 책》(리더스북)에서는 "두 가지에서 영향을 받지 않는다면, 우리 인생은 5년이 지나도 지금과 똑같을 것이다. 그 두 가지란 우리가 만나는 사람과 책이다"라고 했다.

언젠가부터 책이 나의 친구였고 멘토였던 것 같다. 책 읽기는 나에게 있어 숨쉬기이자 가장 즐거운 놀이며 행복한 시간이었다. 혼자 책 읽는 것을 좋아하지만, 함께 읽는 것도 좋겠다 싶어서 가끔 내가 알고 지내는 사람들에게 책 읽기 모임을 함께하자고 제안해 보기도 했다. 하지만 대부분은 관심이 없었다. 더구나 소설을 읽자고 하면, 한가하고 할 일 없는 사람 취급하거나 어려워하는 경우가 많았다. 사람들은 대부분 책 읽기를 멀리했고 각자 관심사가 달라서 대화는 피상적이고 일상적인 대화에서 벗어나는 게 거의 없었던 것 같다.

몇 년 전 코로나19 팬데믹 때 몇몇 사람들과 함께 대면과 비대면을 병행하면서 책 읽기를 한 적도 있고, 또 교회에서 독서모임을 주도한 적도 있었지만 그리 오래가지 못했다. 물론 항상 내 편인 남편 같은 경우는 나처럼 책을 좋아한다. 서로 관심 분야가 다르긴 하지만 책 이야기를 가끔 하곤 한다. 아이들이 자랄 때는 두 아이와 함께 책 이야기로 열을 올리곤 했던 기억이 난다. 기독교는 책의 종교이기도 한데, 많은 크리스천이 책을 읽지 않는 것이 참 안타깝다는 생각이 든다.

이정일 목사님은《문학은 어떻게 신앙을 더 깊게 만드는가》의 프롤로그에서 "신앙인이 자신의 민낯과 생각의 빈곤을 고민하지 않는 것은, 어쩌면 하나님에 대해 무지하기 때문인지도 모른다. 문학은 자기 자신에 대한 무지, 인간에 대한 무지가 하나님에 대한 무지로 이어질 수 있음을 깨닫게 해 준다. 문학을 모르면 자신의 삶에만 둔감해지는 게 아니다. 사회와 하나님에 대해서도 함께 둔감해진다. 문학은 모든 인생의 끝이 하나님을 향한 여정임을 상기시켜 주지만 우리 가운데 이 것을 이해한 사람은 적다”라고 했다.

또 유안진 시인은 《문화일보》 어느 지면에서 이렇게 말했 다. “문학 독서는 진짜를 얻는 거예요. 시와 소설은 사람됨과 인생에 관한 이야기입니다. 소설 작품은 작가의 상상력에 의 한 것이긴 하지만, 세상을 다양하게 살아가는 사람의 모습을 보여 주며 인생을 진짜로 이해하게 해 줍니다. … 시는 인생 을 압축한 것입니다. 언어 경제학적으로 인생을 표현한 것이 지요. 시를 쓱 읽고 지나가는 것이 아니라 눈깔사탕처럼 빨고 껌처럼 씹으며 왜 이렇게 썼을까, 고민하며 읽어야 합니다”라 고….

***

나는 평소에 쓰고 싶었던 글을 대부분 페이스북에 마치 일 기장에 쓰듯이 소소한 일상 얘기들을 올리곤 했다. 페이스북 을 잘했다고 생각한 것이 있다면 바로, 2년 전에 시작한 독서 모임이다. 거기서 만난 사람들과 소설 읽기 모임이 시작된 것 은 재작년, 그러니까 2022년 9월부터였다. 페이스북에서 만난 사람들 몇 분과 함께 책을 읽어 가는 ‘슬로우 리딩’을 해 왔는데, 그중 한 분 목사님이 '소설 읽기 북클럽' 공고를 냈고, 함께 소설 읽기 모임에 동참하게 된 것이다.

매년 열두 권의 책을 선정해서 한 달에 한 권의 소설을 읽고 단체 카톡방에 읽은 책에 대한 감상이나 리뷰를 올리고, 한 달의 마지막 주 화요일 밤 8시면 줌(zoom) 모임을 하는 방식이었다. 사실 '줌'(zoom)이라는 것이 코로나 이전에는 잘 알려지지 않은 채널이었지만, 이것을 통해 코로나 시대에 참 많은 비대면 모임이 활성화된 것 같다. 소설 읽기 모임은 국가와 지역을 초월한 누구나 참여할 수 있는 것이었고, 회원들은 해외를 비롯해 서울, 경기, 전라남북도 경상도, 부산 등등 다양한 지역과 나라에 거주하는 사람들이었다. 줌 모임을 할 때마다 지역과 거리는 온데간데없고 마치 서로 얼굴과 얼굴을 마주 보며 대화하는 것 같은 신기한 만남의 장이었다.

소설 읽기 모임의 리더이자 멘토인 이정일 목사님은 《나는 문학의 숲에서 하나님을 만난다》와 《문학은 어떻게 신앙을 더 깊게 만드는가》의 저자이고 탁월한 영성과 지성을 겸비한 분이었다. 목사님은 모임을 할 때마다 우리가 읽은 소설을 나누고 나면 미처 생각하지 못했던 부분들을 건드려 주어 책을 새롭게 볼 수 있도록 눈을 열어 주시곤 했다. 가끔 이렇게 당부하듯이 말씀하시곤 했다.

"소설 읽기의 끝은 저자가 되는 것입니다!"

소설 읽기 모임 1기 때, 2022년 8월까지 모집 인원을 확정했고 본격적으로 소설 읽기 모임은 그해 9월부터 시작되었다. 열두 권의 책 목록은 현대 소설과 고전 소설이 두루 섞여 있었고, 매월 읽는 소설이 꽤 흥미진진했다. 또한 나눔을 통해, 똑같은 소설을 읽고 나서도 각자가 바라보는 시선이나 생각이 얼마나 다채로울 수 있는지를 경험했다. 거기서 나오는 생각들과 느낌들과 글들도 풍성하고 다채로웠다. 한 달에 한 권의 소설을 읽고 단톡방에서 나눔을 했고, 마지막으로 줌 모임에서 나눔을 하고 나면 그 감동의 여운이 식지를 않아 밤늦도록 못다 한 얘기들을 나누느라 단톡방이 후끈 달아올랐다.

타라 웨스트오버의 《배움의 발견》을 끝으로(2022년 8월) 소설 읽기 모임의 1기가 마무리되었다. 우리는 1년 동안 함께 소설을 읽어 왔기에 온라인 모임으로만 끝내기가 아쉬워, 거제도에서 오프라인 모임을 가졌다. 8월의 뜨거운 날에 함께 모인 것이다. 얼굴과 얼굴을 마주하며 1박 2일 동안 우리는 평소에 다른 데서는 나눌 수 없었던 문학을 이야기하고, 소설을 이야기하면서 꿈같은 시간을 보냈다. 이틀이 눈 깜짝할 사이에 지나갔다. 그 여름날의 꿈처럼 행복했던 시간은 지금도 내 가슴에 오롯이 남아 있다. 그때 이정일 목사님이 하신 말씀 또한 깊이 남았다.

"오늘날 수돗물은 넘쳐 나지만, 정작 마실 물인 샘물이 없습니다. 여러분이 곧 '샘물 파는 사람'이 되어야 합니다."

그렇게 소설 읽기 모임의 1기를 마무리했고, 곧 2기를 시작할 때, 1기 때의 회원 대부분이 2기에도 동참했다. 2기의 새로운 얼굴들과 1기 때 만났던 사람들과 함께 어우러져서 2기 소설 읽기 모임은 지금도 계속 진행 중이다.

지난 2월에는 우리의 멘토이며 소설 읽기의 리더인 이정일 목사님의 따끈따끈한 신간 《소설 읽는 그리스도인》이 나와서 서울 청파동에서 소설 읽기 회원들과 함께하는 북토크 모임을 가졌었다. 우리는 한데 어울리면서 마치 어제도 그제도 만나 왔던 것처럼 가깝게 느껴졌었다. 소설 읽기를 통한 만남이 이토록 좋을 수 있을까 싶을 정도로 만남 자체가 즐겁고 행복한 시간이었다. 모두가 눈이 빛나고 얼굴빛이 살아 있는 모습을 보면서 이런 것이 바로 천국이라는 생각이 들어, 양산에서 서울까지 먼 거리지만 지척에 있는 양 기꺼운 마음으로 다녀왔다. 시간이 지날수록, 함께 소설 읽는 시간이 더해질수록 이 만남은 더 깊어지고 충만해지고, 또한 소중해지는 것 같다.

한때는 소설을, 아니 거의 소설만 읽었던 때도 있었다. 그런데 날이 갈수록 바쁜 일상에 매여 숨 가쁘게 살아가면서 호흡이 긴 소설 읽기는 손에서 차츰 멀어지고, 가끔 한 번씩 소설을 읽는 정도에 그쳤었다. 그런데 다시 소설을 읽기 시작하면서, 요즘은 책 읽기가 풍요로워졌고 책 읽기의 호흡도 다시 좀 더 길어지고 깊어진 것을 느낀다.

이정일 목사님은 《소설 읽는 그리스도인》에서 "소설의 쓸모는 살아간다는 게 뭔지를 이야기로 들려주는 데 있다. 모두가 알고 있어도 누구 하나 꼭 짚어서 말하지 못한 질문에 답하려고 작가는 소설을 쓴다"(196쪽)라고 말했다. 또 "소설은 신의 한 수"라 했다. "하나님은 우리가 자기 인생에 갇혀 후회스러운 삶을 살지 않게 하려고 이야기를 주셨고, 소설 인물의 삶을 통해서 우리가 놓치고 사는 게 무엇인지를 깨닫게 하신다"(66쪽)라는 것이다. 그리고 소설을 읽을 때 내용 파악(줄거리)이나 의미보다 '느낌'이 중요하다고 늘 강조하셨다. 결국 소설을 읽고 나서 오래 남는 것은 의미나 줄거리가 아니라 그때 받았던 감동, 즉 느낌이 남는다는 것이다.

소설 읽기 모임이 얼마나 유익한지는 매월 한 권의 소설을 새로 만나고 함께 나누면서 내 삶을 얼마나 풍요롭게 하는지를 경험해 보지 않으면 알지 못하리라. 나는 이런 소설 읽는 그리스도인의 모임이 참 좋아서 가까이 지내는 사람들에게도 가끔 함께 책 읽기 모임을 하자고 권한다. 대부분은 반응이 좋지 않다. 그런데 이번에 지인 두 사람과 함께 셋이서 다음 달부터 독서 모임을 하기로 했다. 일부러 내 시간을 쪼개야 하는 것이지만, 참 감사하다.

***

우리가 살아가는 시공간은 언제나 한계가 있다. 그러니, 보고 말하고 생각하는 것 또한 한계가 있다. 책은 그런 우리의 고정되고 굳어지기 쉬운 시야를 확장시켜 주고 깊이를 더해 주고 우리의 사고를 말랑말랑하게 해 준다. 이로써 우리의 만남이 그저 그런 모임이 아니라, 책을 통해 사고가 확장되고 삶의 지경이 넓고 깊어질 것이라 기대가 된다. 그리고 내 생활의 피상성을 벗어나 그 삶의 작은 터 안에서도 얼마든지 다르게 보는 눈과 귀가 열리고 삶과 신앙이 어우러져 깊은 샘물을 길어 올릴 수 있는 삶이 된다면 금상첨화가 아닌가!

책은 여전히 내 친구다. 기쁠 때나, 즐거울 때나, 괴로울 때나, 힘들 때나 언제든지 내 곁에 있었다. "물이 오랜 기간에 걸쳐 흐르다 보면 땅의 모양이 바뀌는 것처럼, 좋은 책을 잘 읽는 습관도 우리를 형성한다"라고 했던가(《소설 읽는 신자에게 생기는 일》 28쪽). 평생 친구인 책이 있어 내 삶은 사막이 되지 않는다. 사막 같았던 내 삶의 터전에 온갖 세계가 숲을 이루고 꽃피우고 있어 풍요로운 삶을 만들어 가고 있다. 그 숲에서 깊고 맑은 생명의 샘물을 퍼 올리는 사람이고 싶다.

이명화

부산신학교, 화신사이버대학교 상담심리학교를 졸업하고 2024년 1월까지 전도사 사역을 했다. 책 읽기와 글쓰기로 사는 삶, 빛의 작가, 생명의 작가를 꿈꾼다.

수필

가작

외갓집을 추억 속에 걷다

박경희

***

"사십 년 만이야. 한 번쯤은 만날… 수 있잖아?"

    부산시 사하구 괴정 외갓집에서의 기억의 단어가 툭 던져졌다. 단어가 송곳처럼 내 기억을 툭툭 후볐다. 세포가 갑자기 일을 하기 시작하고 기억은 톱니바퀴처럼 돌아간다. 사십 년이나 기억을 만나지 못했는데, 한 번쯤 만날 필요가 있을까? 그래도 이 글을 쓰는 이 순간만큼은 꼭 만나려고 한다. 나의 어린 시절의 외갓집, 그 기억을 만나러 간다.

    나는 명절이 아니더라도 외갓집을 자주 방문했다. 내가 방향에 대한 기억이 좋은 편이라서 그때의 기억은 또렷하다. 엄마와 단둘이 가는 날은 아빠와 함께 가는 날과는 달리 버스를 타고 외갓집에 갔다. 버스를 타고 괴정시장에 내리면 사하성당 방향으로 계속 걸어야 했다.

"엄마, 얼마나 더 가야 하는데?"

징징거리는 나를 달래려고 엄마는 항상 말했다.

"10분만 더 가면 된다."

10분이 어느 정도인지의 개념도 없을 때인데, 엄마는 언제나 10분만 더 가면 된다고 했다. 10분이라는 시간이 짧은 시간인지 긴 시간인지 알 수 없었지만, 나는 믿지 않았다. 어린 나의 걸음으로 한참을 걸어야 하니까…. 사하성당을 지나 크로바관광호텔이 나오면 그사이 골목으로 또 걸어야 한다. 그 골목에 들어서야 비로소 이제 다 왔구나 생각했지만, 그래도 좀 더 가야 한다는 생각에 엄마 손을 잠시 놓고 싶었다. 엄마는 그것을 어떻게 알았는지 잃어버릴 새라 내 손을 꼭 잡았다.

지금은 복개가 되어서 사라졌지만, 그 시절에는 괴정천을 지나야 했다. 괴정천이라는 이름을 알지 못하고 나중에 알게 되었다. 엄마 손에 거의 끌려갔지만 나의 시선은 괴정천에 있었다. 맑은 물이 흐르는 날이 있었지만, 그때는 1980년대라 생활 하수가 나오는 날도 있었다. 제일 싫어하는 말이 "라떼는

말이야…"이지만, 그 시절은 그랬으니까 넘어가도록 해야겠
다.

엄마는 가는 길에 외할머니가 좋아하는 속이 노란 카스텔
라를 항상 샀다. 지금이야 프랜차이즈 빵집이 많아서 그런 옛
날 빵집의 모습이 많이 사라졌다. 하지만 빵집에 들어서면 빵
을 좋아하지 않는 나도 그 냄새를 기억한다. 그리고 하얀 큰
모자를 쓰고 배가 볼록한 사장님이 무심한 듯 나왔다. 별로 친
절하지는 않았으나 빵을 만들다 말고 엄마의 주문을 기다리고
있었다. 주인을 닮은 그 빵집이라고 크게 무성의하게 쓰여 있
던 글자. 그 안으로 들어가면 고소한 냄새며, 판매대 유리창
안에 있던 하얀 크림이 덕지덕지 있던 케이크며, 그 모양은 참
비슷하다. 괴정천 옆에 있던 그 빵집은 사라지고 내 기억의 거
리에 박제되었다. 엄마는 노란 카스텔라를 하나 고르고서는,

"포장해 주시고, 저기 방금 구운 곰보빵 하나 주세요."

나는 아직도 빵 안에 무언가가 들어가 있는 것을 좋아하지
않는다. 그래도 곰보빵은 먹는다. 곰보빵은 소보로빵의 또 다
른 이름. 이 빵을 나에게 쥐여 줘야 더 이상 "아직 멀었나?",
"언제까지 걸어야 하나?"라는 말을 하지 않음은 엄마는 알고
있었다. 그렇게 엄마는 정말 다 알고 있었지만, 모르는 것이

하나 있었다. 나는 "빵보다 슈퍼에서 파는 음료수가 더 좋은 데…", "씹는 것보다 마시는 것이 더 좋은데…", "엄마 나는 마시는 것을 더 좋아해"라고 표현하지 못했음을 아직도 후회한다. 표현을 해야 상대방이 내가 무엇을 좋아하고 싫어함을 안다. 특히 이성 관계에서 상대방이 자신의 모든 것을 다 알고 맞추어 주기를 바라는 때가 많다. 하지만 상대방에게 내가 무엇을 선호하고 비선호하는지 말하지 않으면 상대방은 알지 못한다. 상대방은 내가 아니고, 나는 상대방이 아니니까…. 내가 이제야 이걸 깨닫다니 참으로 애석하다.

부산 영화교회 사이 골목이 나의 외갓집. 그 골목이 어릴 적에는 100미터와 같았는데, 지금 와서 다시 보면 몇 발자국 되지 않는 느낌이다. 골목은 자라지 않았는데, 나만 자란 것 같다. 골목이 자라지 않는 만큼 나도 자라지 않았더라면, 이 골목에서 여전히 나는 뛰어놀고 있는 아이로 남아 있지 않았을까. 하지만 시간은 늘 공평하게 주어지는 것이니까. 멈춰져 있지도 않고 계속 전진하는 미련한 것이니까. 나훈아 노래 〈고장 난 벽시계〉의 가사가 생각이 난다. "고장 난 벽시계는 멈추었는데, 저 세월은 고장도 없네"를 잠시 흥얼거려 본다.

지금은 상상도 할 수 없지만, 언제든지 문을 열 수 있었다. 손재주가 비상한 외할아버지는 문고리에 철사를 연결해서 가족들만 아는 곳에 문고리를 만들었다. 그 철사 문고리를 살짝 잡아당기면 문이 척하고 열렸다. 누군가 그 방법을 알았을 터인데, 도둑 한 번 들지 않은 것을 보면 신기할 따름이다. 외할아버지는 훔쳐 갈 것이 정원에 있는 화분밖에 없어서 도둑이 들지 않을 것이라고 우스갯소리처럼 말씀하셨다.

***

태어나서 평생을 아파트에 살고 있는 나에게는 2층 주택인 외갓집은 놀이터였다. 들어서는 순간 부지런한 외할아버지의 손길이 숨 쉬는 국화 화분과 정원의 나무들, 국화 화분에 하나하나 철사를 가지고 꽈배기 모양으로 꽃받침을 만들어서 꽃이 정말 예쁘게 필 수 있도록 만들었다. 집으로 올라가는 계단에 그런 화분이 양쪽에 있었는데, 모든 화분 하나하나 외할아버지 손길이 닿지 않은 것이 없었다. 노란 국화, 하얀 국화를 계단 양옆으로 예쁘게 진열해 놓으셨다. 나중에 안 사실이지만, 이렇게 예쁜 화분을 만들려면 정말 많은 노력이 필요하다. 외할아버지의 딸들, 엄마를 포함한 이모들은 그런 예쁜 화분을 보면 하나씩 집으로 들고 갔다.

우리 엄마를 비롯한 외할아버지의 딸들은 예쁜 화분을 모두 죽게 만드는 이상한 재주가 있었다. 하지만 반대로 외할아버지는 죽어서 다시 가지고 온 그 화분을 살려 내시는 이상한 재주를 가지고 계셨다. 외할아버지는 비닐하우스를 정원 한쪽에 직접 만드셨다. 그 안에는 정말 따뜻했다. 비닐하우스 안의 식물들은 주로 선인장이나 작은 화분이 많았다. 그것으로 부족했는지 옥상에는 상추와 같은 잎채소를 위한 장소도 있었다. 옥상은 기울어져 있어서 위험해서 몇 번 못 올라갔다. 기울어져 있는 상태에서도 텃밭을 어떻게 만들었는지 지금 생각하니 신기할 따름이다.

그리고 정원 한 편에는 호리병박을 심으셨다. 덩굴을 이루어서 자라기 때문에 네 개의 기둥을 세우고 그 천장에 철사로 가로세로 이어지게 만드셨다. 호리병박이 다 익으면 그 속을 파내어 표주박을 만들기도 하셨다. 왜 그걸 만드셨는지 그때도 알지 못했고 지금도 알지 못한다. 그저 부지런한 외할아버지의 천성이려니 생각하고 있다. 호리병박을 심지 않은 때이면 포도도 심으셨다. 포도는 다 익으면 따 먹기도 했는데, 맛은 없었다. 관상용이 아니었을까 하는 생각을 한다.

엄마는 외할아버지와 외할머니 그리고 근처 사는 큰이모와 이야기를 나누었다. 거의 매일 자매끼리 통화를 하고 외조부모님과 통화를 하면서, 엄마는 무슨 할 말이 그렇게 많았던 것일까? 그러는 사이, 할 일 없는 나는 정원에 작게 꾸며진 연못에서 물고기를 한참 동안 구경했다. 외할아버지는 정말 부지

런하셨다. 때가 되면 연못을 청소하고, 주위에 나무를 정말 예쁘게 심으셨다. 조용하게 장난쳤던 내가 때때로 뜰채로 물고기를 꺼내어 팔딱거리는 것을 구경하고 있으면 외할아버지가 득달같이 나오시면서 말씀하셨다.

"이놈!"

깜짝 놀란 나는 다시 물고기를 연못에 넣었다. 그러면 더 혼날까 봐 도망치듯이 외갓집에서 나와 골목을 뛰어다녔다. 가장 좋아했던 곳은 천일 로얄맨션을 지나 모퉁이의 슈퍼마켓이었다. 슈퍼마켓이라고 하기에는 간판도 없었다. 아이스크림을 하나 집어서,

"아줌마, 계산요!"

그러면 살림집 같은 방 한쪽에서 문을 열고 아주머니가 손을 내밀고 이야기한다.

"50원."

아이스크림을 물고 간다. 그 길을 지나는 동안에 천일 로얄

맨션이 나온다. 그 아파트는 큰집이 있는 곳이다. 외갓집과 큰집이 가까웠다. 그래서 엄마와 아빠는 선을 보고, 만난 지 한 달 만에 결혼하셨다. 나는 엄마가 일찍 돌아가셔서 묻지는 못했다. 대신 아빠에게 엄마의 첫인상이 어떠했는지는 물었다.

"큰 눈."

맞다. 엄마는 눈이 참 컸다. 엄마가 나를 야단을 칠 때, 그 커다란 눈이 갑자기 더 커지곤 했는데, 나는 그게 제일 무서웠다. 엄마 아빠는 서로가 크게 반해서 결혼했다기보다는 친할머니와 외할머니가 서로 결정해서 결혼하게 되었다고 했다. 할머니 두 분은 성격이 똑같으셔서 친하셨지만 싸우기도 많이 싸우셨다. 우리 집에 와서 서로 자식 자랑하다가 싸우기도 하시고, 서로 웃기도 하셨다. 어린 나는 두 분의 그러한 모습이 이해되지 않을 때도 많았지만 말이다.

거기서 길을 건너면 신기한 장소가 나온다. 그곳은 빨래터. 지금이야 잘 조성이 되어 있지만, 그때 1980년대는 그렇지 않았다. 계단 아래로 사각형으로 물이 흐르는 곳에서 아주머니들이 나와서 빨래를 했다. 진짜 많은 아주머니가 나와서 빨래를 했다. 지금은 회화나무 공원이라고 되어 있다. 한참을 생각한다. '그때 나무가 있었나?' 내 어린 시절 기억은 사람에게 집중되어 있어서 나무의 기억은 희미하다.

엄마에게 "세탁기로 빨래를 하지 않고 사람들이 빨래하고 있더라. 세탁기가 고장이 났나 봐…." 하고 이야기했다. 엄마의 대답을 들을 수는 없었다. 엄마는 아마 '이 아이는 왜 이리 철이 없는가?', '철이 없으니 아이인가?' 하는 생각을 했겠지. 엄마와 그 빨래터를 간 적은 없지만 나는 혼자 자주 갔다. 그 장면이 신기하기도 했지만, 그 골목 사이를 달리고 걷고 하는 것이 좋았다. 그리고 그 위를 멍하니 앉아서 바라보는 것이 좋았다. 물 흐르는 소리를 좋아하기에 그곳을 좋아했다. 그리고 빨랫방망이의 "퍽퍽" 하는 소리. 다시 와서 생각해 보니 박수근 작가의 빨래터에 나오는 장면과 비슷하다. 여인들의 옷은 좀 다르지만…. 작품 속의 빨래터에 있는 여인들이 담소를 나누는 장면도 똑같다. 담소를 나누는 아주머니들의 소리, 가끔 아이들이 칭얼거리는 소리…. 추억은 항상 장면과 함께 냄새와 소리를 동반한다. 지금도 그 빨래터를 이용하는 사람이 있을까? 세탁기가 워낙 보급이 잘 되어서 손빨래를 하는 사람이 몇이나 될까? 내가 그리워하는 것은 그 빨래터보다 그곳에서 빨래를 하던 사람이 아니었을까? 이제는 박물관처럼 고이 모셔져 있는 빨래터는 사람이 없다. 그저 잠시 쉬어 가는 공원처럼, 그저 잠시 바라보는 작품처럼 되어 버렸다. 아쉽기는 하지만 어떻게 할 수는 없는 노릇…. 정말로 그리운 것은 그리운 것으로 남겨 둘 때 아름다운 것인지 생각하게 된다.

그리고 그 좁은 골목길을 계속해서 걸어가면 차도가 나온다. 오른쪽은 대타 방향 왼쪽은 당리 방향이다. 오른쪽으로 계속 걷다 보면 사거리가 나온다. 괴정시장 방향으로 계속 걷는다. 크로바관광호텔이 나올 때까지 계속 걷는다. 건물로 방향을 아는 것은 그때나 지금이나 마찬가지이다. 그리고 다시 괴정천 쪽으로 걷는다. 괴정천에서 종이배를 접어서 뚝 떨어뜨린 적이 있다. 그리고 어디까지 흘러가나 강아지처럼 따라간적도 있다. 길을 잃지는 않았다. 종이배가 어디쯤 걸리고 없어지거나 하면 그 괴정천을 따라서 오면 그만이었으니까…. 그렇게 한참을 걷다가 외갓집으로 돌아왔다. 외할아버지가 만들어 놓은 철사 줄을 쭉 당기면 되는데, 그렇게 하지 않고 그냥벨을 눌렀다. 무슨 심보였는지 모르겠다. 벨소리를 들은 외할아버지가 크게 말한다.

"누구요?"

"할아버지!"

"어디 갔다가 이제 오냐? 요놈아."

"한 바퀴 돌다 왔어요."

"니 애미가 얼마나 기다렸는 줄 아냐?"

나는 그러면 도망가듯 집 안으로 들어가서 "엄마" 하고 불렀다. 집에 갈 때가 다 되었는데 안 돌아와서 걱정했다는 엄마의 꾸지람을 듣고서 다시 집으로 돌아가는 긴 여정이 시작되었다.

영화처럼 너무나도 생생한 그 시절, 그분들은 한 분 두 분 내 기억에만 있고 지금은 없다. 내가 떠나기도 전에 "내가 추억했던 모든 것이 나보다 먼저 나를 떠난다. 그 시절 젊었던 엄마·아빠 굿바이. 키가 커서 구부정했지만, 늘 부지런했던 외할아버지 굿바이. 큰 눈으로 나를 쳐다보던 엄마와 똑같이 생긴 외할머니 굿바이. 그 시절 괴정동 골목을 이리저리 뛰어다니던 나도 굿바이. 그 골목도 이제 굿바이. 모두 어디에 머물든지 잘 지내야 해….

박경희
부산에 거주하고 있으며, 수영로교회에서 말씀의 능력을 깨달아 가는 중이다. 나를 향한 하나님의 계획이 늘 궁금한 사람이다.

수필
선외가작

부표인 듯, 항해자인 듯

이산

***

"우리 예수의 도는 이상한 도입니다. 아주 보잘것없는 것이 업신여김을 받을 대로 받고, 갖은 장애를 겪어야 발전되는 도입니다."

　김익두 목사의 어록은 신자의 인생이 마치 부표의 시간과 같다는 것을 잘 설명해 준다. 그렇다. 부표가 그러하다. 배의 안전한 항해를 위해 해저에서 사슬이나 끈에 묶인 채로 암초, 여울, 침선의 존재를 알리는 표지인 부표는 분명 무언가를 위하는 존재이지만, 무언가를 위한 존재라기에는 너무나 무언가에 의한 존재 같아 보이는 업신여김을 당해야 하고 자신을 둘러싼 구성원들을 미워하지 않기가 힘든 장애를 겪어야 한다.
　부표인 듯한 우리네 삶은 비극적이기 마련이다. 나에게 그 비극은 부모님의 사업 부도로 인한 중학교 자퇴로부터 시작되었다. 그것은 마치 크루즈 VIP 고객에서 VIP 고객이 시가를 피우며 한낱 멍때리는 대상으로 바라보는 부표가 되는 듯한 경험이었다. 특히 집을 나서 학교에 가는 친구들을 내 집 창문 너머로 보고, 집을 나서 길을 방황하는 나를 친구들이 학교 창문 너머로 보는 것은, 배가 부표를 지나칠 때 생기는 파도로 인해 부표와 부표의 사슬이 요동치는 것과 같은 경험이었다.

파도로 인해 부표가 놀아날 때는 부표와 부표 사이를 연결해 주는 끈이나 사슬이 찢어질 지경이 된다. 나와 우리 가족도 그러했다. 각자에게는 감당하기 힘든 파도가 있었고 저마다의 요동이 있었다. 서로를 마주 잡은 끈과 사슬은 점점 더 위태로워졌다. 이 팽팽함을 가장 먼저 견디지 못한 이는 다름 아닌 아버지였다. 아버지는 바다에서 낙오된 부표와 같이 해저를 정처 없이 떠돌았다. 지금 생각해 보면, 강한 파도가 와도 배는 넘어질지언정 부표에는 그 넘어짐마저 허락되지 않으니, 아버지는 차라리 바다에서의 방황을 택했으리라. 이때부터였던가? 비록 해저 전체를 떠들썩하게 만드는 방황은 아니었지만, 부표가 자신의 좁디좁은 지경에서 마음껏 요동쳐 물거품을 낼 수 있듯이, 나의 방황은 좁고 진하게 시작되었다.

나의 방황은 아버지의 공백에 대한 열매였다. 한 부표가 떨어져 나가면 남겨진 부표들이 많은 장애를 겪게 되는 것처럼 아버지의 빈 자리는 오롯이 어머니와 나의 책임이 되었다. 수

염 자국처럼 까끌까끌한 이 책임이 익숙하지 않았던 어머니와 나는 가장의 공백에 대한 공상으로 이 책임을 대신할 뿐이었다. 모(母)는 자(子)에게 부(父)를 요구하고, 자는 모에게 부를 요구하는 공상이었다. 어머니가 아버지가 해야 할 역할을 아들에게 요구했고, 아들이 아버지가 해야 할 역할을 어머니에게 요구했다. 하지만 이 공상은 결핍이라는 결론을 도출시킬 뿐이었다. 아버지의 빈자리는 자연스레 스스로 완벽한 아버지가 되어야 한다는 공상을 가지게 했고 그 공상은 실현되지 않는 것이었기에, 나는 아버지의 빈자리를 채워 줄 수 있을 만한 타인에게 집착하기 시작했다. 마치 부표가 스스로 부표인 것을 잊은 채로 쇄빙선이라도 되기를 바라지만, 바다에 잘 뜨는 것밖에는 할 수 있는 게 없는 한낱 물때 낀 플라스틱임을 알게 되자 자기 주변을 서성거리는 물고기에 집착하는 것처럼 말이다. 때론 친구를, 때론 형을, 때론 동생을, 때론 가난을 아버지의 빈자리에 대한 대체물로 여기며 마음껏 집착했다. 하지만 그것이 나를 부표에서 유람선으로 만들어 주지 않았으며 작은 어선으로조차 만들어 주지 않았다.

나의 삶이 부표에서 더 이상 바뀌지 않는다면 부표와 같은 내 삶을 이해라도 하고 싶었다. 부표와 같아 보이는 내 삶을 해석하기 위해 열일곱 살부터 스물한 살까지 갖은 방법을 다 써 보았다. 문학에 빠져 보기도 했고, 영화에서 답을 찾으려고 일주일에 20편 넘는 영화를 보기도 했고, 나의 현실과는 다른 현실을 살아 봄으로써 내 삶이 해석될까 싶어 연기라는 것에 도전하기도 했다. 어디 이뿐이던가. 성경에 빠지기도 했다. 새 성경책을 7개월 만에 웬만한 원로 목사님의 성경보다 더 낡아 보이는 모습으로 만들었다. 기도에 빠지기도 했다. 하루에 네 시간 무릎 기도는 기본이었다. 신학에 빠지기도 했다. 칼뱅의 《기독교강요》와 벌코프의 《조직신학》을 2주 만에 독파하고 신학 서적을 읽기 위해 도서관에서 살다시피 했다. 하지만 달라진 것은 없었다. 부표인 듯해 보이는 삶을 이해하는 것은 여전히 규칙 없이 휘몰아치는 북해의 파도와 같이 불안정했다.

싫다. 너가 싫다.

내 마음도 몰라주는 너가 싫다.

소리 질러도 관심 없는 너가 싫다.

울어도 관심 없는 너가 싫다.

모든 게 싫고, 너도 싫다.

– 김지원의 《묻은 과거의 나에게 위로를 받다》에 실린 시, 〈싫다〉 중에서 –

결국 나는 위 시와 같이 나를 둘러싼 모든 것, 곧 내가 집착했던 친구들을, 내가 집착했던 나의 신앙적 의를, 내가 찾았던 아버지를, 나를 찾으시던 하늘 아버지를, '싫어하고 말리라'라고 각오하기도 했다. 이처럼 부표가 하늘을 바라보려다 지쳐 차라리 바다에 완전히 잠기는 것이 낫겠다 싶어 얼굴을 바다에 박고 있는 모습을 하고 있을 때, 나는 박영선 목사님의 '고난'에 관한 설교에서 다음과 같은 말을 접하게 된다.

"얼마나 많은 비명이 있어야 찬송이 되던가?"

부표로서의 시간이 다시 해석되는 말이었다. 부표의 시간이 헛되지 않고 하나님이라는 존재의 필요성이 담기는 시간이었음을 깨닫게 해 주는 말이었다. 그 후 이어진 "베드로를 변화시킨 것은 좋은 신학이 아니라 베드로의 실패한 현실이었다"라는 박 목사님의 설명은 문제집 뒤에 나오는 해답집에 불과한 설교와 교리와 교훈과는 다르게 느껴졌다. 그것은 나에게 분명한 풀이였다.

나는 박 목사님의 설교가 그냥 마구 좋았다. 3개월을 방에 박혀 박 목사님의 신학 사상을 공부했다. 그리고 마침내 남포교회에 출석하여 박 목사님의 설교를 귀로 듣게 되는 날이 다가왔다. 오래된 올림픽 상가 내에 있는 교회였다. 보수적인 교단의 교회인지라 마음을 울리는 피아노 선율도 없었다. 연령층이 높은 교회인지라 젊은이들의 우렁찬 열정의 "아멘" 소리도 없었다. 늙은이들의 기침 소리만이 울릴 뿐이었다. 박 목사님의 목소리는 또 어떠한가! 눈물을 흘리게 만드는 목소리가 아님은 분명하다. 설교 방식은 또 어떠한가! 박 목사님이 故 옥한흠, 故 하용조, 이동원, 홍정길 목사님들과 함께 설교할 때, 박 목사님을 향해 농담 삼아 '감동을 방해하는 자', '독을 푸는 사람'이라고 말하기까지 했다. 하지만 나는 그곳에서 한 없는 눈물을 토해 냈다. 내 인생 최고의 순간이었다.

"기도하십시다. 하나님의 부재도 하나님의 임재입니다. 그러니 항해하십시오."

부표가 여태껏 마셨던 모든 바닷물을 토해 내는 것 같았다. 그것은 나와 같은 부표의 삶을 산 참다운 어른 부표를 본 까닭일 것이다. 그리고 그 어른 부표의 입에서 하나님의 열심을 시인하고 찬양하는 소리가 나왔기 때문이었을 것이다. 나는 그곳에서 바다를 항해하는 부표들을 보았다. 부표인 듯하나 항해를 하는 항해자들을 본 것이다. 교인들의 흰머리는 부표의 삶이 얼마나 고단했는지를, 그러나 그 부표의 삶이 얼마나 항해의 의미를 지니고 있는지를 증명해 주는 것 같았다. 드디어 부표가 배로 보이는 순간이었다.

***

부표 없는 항해가 있을 수 없듯이 항해 없는 부표도 없다. 모두 저마다의 항해를 한다. 우리네 인생은 부표인 듯하기도 하고 항해자인 듯하기도 하다. 그러니 부표이기도 하고 항해자이기도 한 그 역설에 조금씩 초연해지면 되는 것이다.

예수의 도는 우리에게 신자로서 살아 내야 하는 '현실'에 초점을 두도록 한다. 누구에게도 말하지 못하고 누구에게도 핑계 댈 수 없는 우리의 분명한 책임이지만, 설명할 수 없고 극복할 수 없는 그런 버거운 짐이 있는 현실 말이다. 그리고 예수의 도는 이 부표와도 같은 현실이 부정적이기에 건너뛰어야 하고 배척해야 할 조건인지, 아니면 오히려 하나님이 우리를 만들어 내는 지위의 장인지를 진지하게 묻고 있다.

부표의 시기를 겪기 전에는 예수를 믿고 결단하고 감격하기만 하면 모든 것이 해결될 줄 알았다. 감격 이후의 길은 형통인 줄 알았다. 그러나 하나님은 구원과 구원에 대한 나의 반응과 고백이 있자마자 부표의 삶을 준비하셨다. 하나님은 부표인 듯해 보이는 삶을 통해 감격과 헌신, 각오와 같은 쉬운 답으로 신앙이 정의되지 않기를 바라셨다. 하나님이 뭘 의도하시고 어떤 걸 목적하시는가를 아는 신앙을 가지길 바라셨다. 그리하여 내가 기대하는 나의 가치와 의미와 목표보다 하나님이 작정하고 계시는 목적이 더 크고 높다는 것을 '부표인 듯한 삶'을 통해 알게 하셨다. 부표의 목적은 당장의 억울함과 고통이 현실적으로 해결되는 것이었지만, 하나님의 목적은 달랐다. 하나님은 억울함과 고통을 참게 하는 데 도움을 주시면 주셨지, 억울함과 고통을 해결시켜 주는 문제에는 개입하시거나 도움을 주지 않으셨다. 하나님은 부표에게 이걸 견디게 하셨다. 이를 통해 하나님은 부표의 자리야말로 내가 하나님의 자녀로 존재한다는 것을 증언할 수 있는 자리임을 알려 주셨다.

부표는 이제 한국 교회가 부표인 듯한 삶에 대한 설명이 부족하다는 것에 큰 안타까움을 느끼고 이에 대하여 고민하고 사유하기까지 한다. 오늘날 한국 교계는 마치 모든 성도로 하여금 구원과 관련하여 자신에 대해서만은 이제 더 이상 할 게 없는, 마치 성화가 나라는 실존을 떠나서 허공에 떠 있는 것처럼 여기게 만들고 있다. 복음은 잠시 부표가 항해자와 같이 물살을 가르는 느낌을 주는 도구에 불과할 뿐, 부표로 하여금 부표의 삶이 왜 항해자의 삶인지를 알게 해 주는 계시로는 다루어지지 않고 있다. 자기 자신 안에서 구원이 완성되어 가는 문제들에 대해서, 특히 절망스럽고 답이 보이지 않는 부표의 자리로 한 신자를 몰아붙여 가시는 하나님의 의도에 대해서 한국 교회는 큰 관심이 없는 듯하다.

한국 교회는 이러한 한 인생에게 주어지는 하나님의 구체적인 개입에 시선을 두지 않고, 기독교의 힘에 시선을 둔다. 항해하는 배의 거센 물살에만 관심이 있는 것이다. 모두가 한마음이 되어 정치적으로, 그리고 사회적으로 거센 물살을 만들어 바다를 두려움에 떨게 하는 힘을 가진 기독교를 만들고 싶어 하는 것이다. 그러나 여기서 하나님이 왜 지독스레 이러한 힘을 허락하지 않으시는지에 대한 성찰은 없다. 하나님의 열심이 목적하는 것에 대한 진지한 성찰이, 지식이 너무나 부족한 것이다. 그분의 행하심이 이해되지 않고 있다. 오늘날 한국 기독교는 꿈을 품고 있다. 하지만 신앙은 꿈을 품는 게 아니라 현실을 품는 것이다. 부표의 삶은 막연한 쇄빙선의 꿈을 품기 위해 존재하는 것이 아니라, 막막하고 답답해 보이는 현실을 품기 위해 존재하는 것 아니겠는가!

그리스도인의 의식의 영역에 있어서는 상승과 하강의 기복이 있고, 하나님과 긴밀한 교제를 가질 때와 하나님과 멀어질 때도 있다.
– 루이스 벌코프, 《조직신학》 중에서 –

그리스도인의 현실은 그야말로 상승과 하강의 기복이다. 기도가 호흡과 같이 여겨질 때가 있으며, 고단한 현실로 인해 기도가 한숨과 같이 여겨질 때가 있는 것이다. 이처럼 그리스도인의 생애에는 다양한 시기들이 규칙적으로, 그리고 일련의 순서를 가진 채 질서적으로 자리하고 있다기보다는 시기와 시기가 불규칙적으로 맞닿아 있다. 하지만 현재 한국 교회는 날이 가면 갈수록 신앙적인 이상만을 강조하고 있다. 하강의 시기를 잘 다루지 않고 상승의 개념만을 다룬 결과, 상승과 하강의 기복 사이에 자리한 우리의 현실에 대해서는 어떠한 해답도 내어놓지 못하고 있다. 하강은 그저 상승 아래 있는, 뛰어넘어야 하고 얼른 지나가야 하는 장애물인 것처럼 치부하고 있다. 부표의 삶은 항해자의 삶과는 관계없는 것이라고 치부하고 있는 것이다.

'부표의 시기야말로 하나님이라는 존재의 필요성이 담기는 항해자의 시기'라는 것을 알리는 부표들이 많아져야 한다. 끈과 끈으로 연결된 부표들이 고개 숙인 채로 신음하는 것이 아닌, 떳떳이 고개를 들고 항해의 노래를 부르는 장면이 눈에 아른거린다. 무지개색 등불들이, 빛깔 고운 바둑돌들이 노래를 부르고 있다. 그렇다. 이상한 예수의 도다.

이산

설교와 책, 수다, 농담, 한숨 없이는 못 사는 총신대학교 신학과 2학년에 재학 중인 목회자 후보생이다. 현재 박재은 교수의 조교를 하고 있으며, 남포교회에 출석 중이다.